Lire • Dire • Écrire dans toutes les disciplines

CM2
Cycle 3

Mon MANUEL de français

Richard Bourdin
professeur en IUFM

Véronique Durand
conseillère pédagogique

Josette Pradeau
conseillère pédagogique

Fabienne Rondelli
professeur en IUFM

RETZ
www.editions-retz.com
1, rue du Départ
75014 PARIS

MON MANUEL DE FRANÇAIS CM2

Lire • Dire • Écrire dans toutes les disciplines

La collection ***« Mon manuel de français, Lire • Dire • Écrire dans toutes les disciplines »*** s'inscrit dans la logique des programmes de 2002 qui font de « la maîtrise du langage et de la langue française, dans leurs usages scolaires, à l'oral comme à l'écrit, l'objectif essentiel de l'école primaire[1]. »
Parce que dire, lire et écrire pour apprendre dans une discipline particulière, c'est aussi apprendre à dire, à lire et à écrire d'une façon générale, *Mon manuel de français CM2* s'est donné un double objectif : contribuer à l'apprentissage de contenus spécifiques en français tout en développant des compétences langagières utiles pour l'acquisistion des savoirs dans les autres disciplines.
Cette ouverture aux disciplines scolaires signifie que la maîtrise du langage et de la langue française n'est pas un préalable à la construction des connaissances. Au contraire, le langage est au centre des processus d'apprentissage et l'option pluridisciplinaire conduit à le développer à la fois comme **objectif** et comme **outil**, comme **ensemble de connaissances** et comme **moyen de construire toutes les connaissances**.
Les contenus disciplinaires sont ici le tremplin à l'analyse du langage et à l'acquisition de nouvelles compétences langagières. Dans le même temps, la maîtrise du langage permet l'expression d'un savoir qui s'acquiert dans un cadre disciplinaire. De ce fait, bien évidemment, cet ouvrage ne peut suffire à enseigner ces disciplines pas plus qu'il ne dispense d'apprendre à lire des œuvres intégrales en littérature.

L'organisation du manuel

Mon manuel de français CM2, Lire • Dire • Écrire dans toutes les disciplines est organisé en unités disciplinaires : ***sciences, géographie, mathématiques, histoire, littérature***. Quatre unités sont consacrées à la littérature, permettant ainsi d'aborder plusieurs genres : la poésie, la bande dessinée, le roman policier et le théâtre. Chaque unité est composée :
– de **textes de référence**, à lire et à comprendre, en lien avec les programmes disciplinaires du cycle 3 ;
– de **documents iconographiques** à analyser, à comparer et parfois à mettre en relation avec des textes ;
– d'un **questionnement** pour amorcer chez l'élève une démarche d'apprentissage sur les trois axes : **LIRE**, **DIRE**, **ÉCRIRE**. Ces amorces s'articulent étroitement aux activités de construction des savoir-faire langagiers proposées dans le *Fichier de l'élève photocopiable*.
Dans *Mon manuel de français CM2* et dans le *Fichier de l'élève photocopiable*, l'**OBSERVATION RÉFLÉCHIE DE LA LANGUE** (grammaire, orthographe, conjugaison, vocabulaire) est avant tout conçue comme un exercice de réflexion sur le fonctionnement de la langue en contexte, dans des situations de lecture-écriture. Les activités proposées sont de deux types :
• tout d'abord, **des activités spécifiques aux textes des unités**, permettant à l'élève de comprendre que certains **faits de langue** sont **caractéristiques des textes proposés** et en assurent la cohérence (système des temps verbaux, sens des connecteurs, modalités de reprises, champs lexicaux…) ;

1. *Qu'apprend-on à l'école élémentaire ?*, MNEN, CNDP-XO éditions.

• ensuite, des activités portant sur des **faits de langue observables dans tous les textes** et que l'on peut retrouver, de manière récurrente, d'une unité à l'autre ; ces activités permettent l'acquisition et le réinvestissement de compétences plus générales portant sur la connaissance des classes de mots et de leurs relations dans la phrase (ordre des mots, chaînes d'accord) et sur la morphologie verbale (conjugaison).

La démarche de *Mon manuel de français*

Elle articule trois types de médiation :
• la **médiation de l'enseignant** : celui-ci accompagne l'élève pour lui permettre de réussir des tâches complexes ;
• la **médiation du langage** : l'élève est conduit à abstraire et à généraliser grâce aux échanges et aux apports langagiers ;
• la **médiation didactique** : l'enseignant s'appuie sur les représentations initiales de l'élève, sur ses savoirs du moment – un nouveau savoir ne pouvant s'ancrer qu'à partir d'un essai d'élucidation de ces conceptions initiales.
La mise en œuvre de cette démarche dans chaque unité repose sur quatre temps distincts :
1) une **situation problème initiale**, dont l'objectif est un projet de communication, permettant l'émergence des premières représentations des élèves ;
2) des **activités d'apprentissage et de structuration** destinées à faire acquérir des compétences langagières ;
3) une **synthèse** réalisée par l'élève, qui formalise ainsi les savoirs et savoir-faire acquis pendant l'unité ;
4) un **bilan** au travers d'une production orale et écrite.

Les apports nouveaux de *Mon manuel de français*

Mon manuel de français CM2 permet à l'élève :
• de produire des écrits pour communiquer, penser, construire ses connaissances, en donnant leurs vrais rôle et place aux écrits et aux oraux intermédiaires, à la fois « brouillons » et outils de pensée dans chaque domaine disciplinaire ;
• de développer une attitude réflexive sur sa démarche d'apprentissage en associant la mémoire de l'expérience, marquée par l'alternance des phases orales et écrites, au bilan cognitif qui clôture chaque unité.

Mon manuel de français CM2 offre à l'enseignant :
• une démarche structurée et rigoureuse dans le cadre d'un manuel sans progression linéaire, qui lui laisse le choix des unités d'apprentissage ;
• des scénarios pédagogiques ciblés, en cohérence avec l'idée de développement de compétences langagières dans toutes les disciplines.

Tout au long de l'élaboration de cette collection, plusieurs convictions nous ont animés :
• celle de concevoir un outil pratique pour une mise en œuvre aisée en classe ;
• celle de développer l'autonomie de l'élève dans son travail intellectuel et de lui donner ainsi les moyens d'une ouverture réussie vers de nouveaux savoirs ;
• celle aussi de concevoir un dispositif de formation répondant à la nécessité d'intégrer la maîtrise du langage dans tous les champs disciplinaires.

Les auteurs

L'organisation du manuel

Huit unités disciplinaires pour développer la maîtrise de la langue, à la fois comme objectif, commme outil, et comme moyen de construire des connaissances.

Chaque unité est construite autour d'un projet de communication dont le point de départ est une situation problème. Cette organisation permet de mettre en œuvre des compétences langagières (lire, dire, écrire) et de manipuler des outils linguistiques qui serviront directement la construction des savoirs.

Ce logo renvoie à l'écoute du **CD**, fourni avec le **fichier de l'élève photocopiable**

LIRE, DIRE, ÉCRIRE, OBSERVATION RÉFLÉCHIE DE LA LANGUE : les compétences langagières réinvesties régulièrement au sein de l'unité

Une couleur par discipline

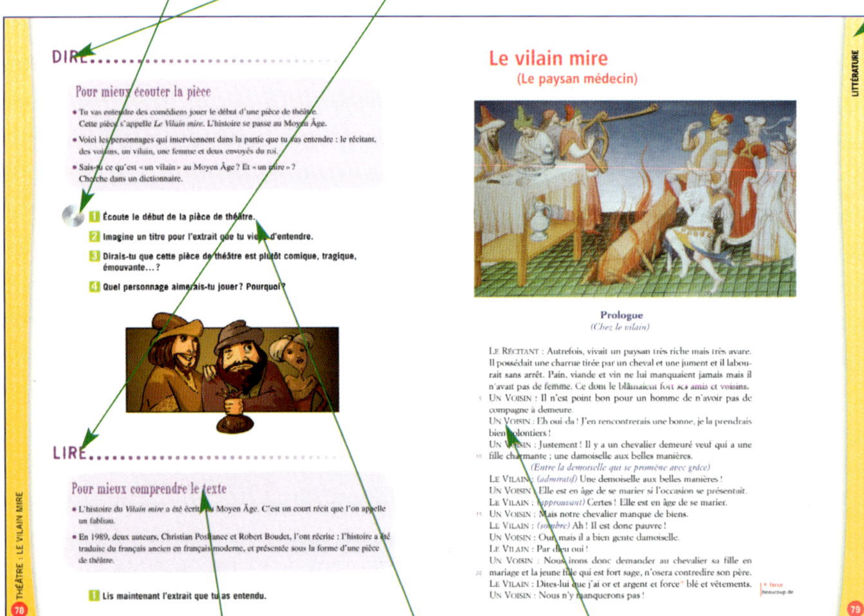

Rubrique « Pour mieux comprendre le texte » : des aides en amont à la lecture

En littérature, des textes intégraux

Un premier questionnement destiné à faire émerger les représentations des élèves

Le fléchage renvoie aux activités dans le fichier de l'élève photocopiable

L'organisation du mémento

Le mémento d'observation réfléchie de la langue est l'outil de référence pour l'élève en matière de syntaxe et de morphosyntaxe. Il donne les règles indispensables à mémoriser après avoir dégagé, analysé, repéré les constantes du fonctionnement de l'écrit. L'élève peut le consulter en autonomie ou y être fortement incité par l'enseignant lors d'une production d'écrit. Il favorise en outre la familiarisation avec le dictionnaire.

Sommaire

Orthographe → **Grille de relecture et de correction orthographique** 2

Grammaire → **Les classes de mots**
Le nom commun 4
Les déterminants du nom 5
Les pronoms personnels 6
L'adjectif 7
Le verbe 8
L'adverbe 9

Grammaire → **Le nom dans la phrase**
Le groupe du nom (groupe nominal) 10
Le pronom relatif 10

Grammaire → **Le verbe dans la phrase**
La construction du groupe verbal 11
Un verbe, plusieurs significations 12
Le groupe nominal sujet et le groupe verbal 13
L'accord sujet – verbe à la troisième personne 14
L'accord sujet - verbe - adjectif 15

Conjugaison : en comprendre le principe et la construction → La conjugaison du verbe :
Le présent des verbes à une base 16
Le présent des verbes en -r ou en -re à deux bases 17
Le présent des verbes en -r ou en -re à trois bases 18
Le futur de tous les verbes 19
Le passé composé avec avoir et avec être 20
L'imparfait de tous les verbes 21
Le participe présent de tous les verbes 21
Le conditionnel présent de tous les verbes 22
Le subjonctif présent de tous les verbes 23

Tableaux de conjugaison récapitulatifs → Tableaux de conjugaison :
Cinq verbes réguliers fréquents 24-25
Être, avoir, faire, dire, aller 26-27

Grammaire → **La construction de la phrase**
Les types de phrases 28
Les compléments de phrase 29
La construction de la phrase au passif 30

Vocabulaire → **Le lexique**
Les informations données par le dictionnaire 31
La construction des mots 32

parler	finir	voir	pouvoir	venir
Présent				
je - il - elle parle	je - tu finis	je - tu vois	je - tu peux	je - tu viens
tu parles	il - elle finit	il - elles voit	il - elle peut	il - elle vient
ils - elles parlent	nous finissons	ils - elles voient	nous pouvons	nous venons
nous parlons	vous finissez	nous voyons	vous pouvez	vous venez
vous parlez	ils - elles finissent	vous voyez	ils - elles peuvent	ils - elles viennent
une base	*deux bases*		*trois bases*	
Imparfait				
je - tu parlais	je - tu finissais	je - tu voyais	je - tu pouvais	je - tu venais
il - elle parlait	il - elle finissait	il - elle voyait	il - elle pouvait	il - elle venait
ils - elles parlaient	ils - elles finissaient	ils - elles voyaient	ils - elles pouvaient	ils - elles venaient
nous parlions	nous finissions	nous voyions	nous pouvions	nous venions
vous parliez	vous finissiez	vous voyiez	vous pouviez	vous veniez
		une base		
Futur				
je parlerai	je finirai	je verrai	je pourrai	je viendrai
tu parleras	tu finiras	tu verras	tu pourras	tu viendras
il - elle parlera	il - elle finira	il - elle verra	il - elle pourra	il - elle viendra
nous parlerons	nous finirons	nous verrons	nous pourrons	nous viendrons
ils - elles parleront	ils - elles finiront	ils - elles verront	ils - elles pourront	ils - elles viendront
vous parlerez	vous finirez	vous verrez	vous pourrez	vous viendrez
		une base		

Les tableaux de conjugaison présentent :

- trois temps simples : présent – imparfait – futur ;
- le passé composé ;
- le conditionnel présent et le subjonctif ;
- le passé simple à la troisième personne.

Ces tableaux mettent en évidence :

- les formes irrégulières des verbes être, avoir, faire, dire, aller ;
- le nombre de bases (ou radicaux) utilisées dans chaque temps ;
- les formes qui s'écrivent de la même façon *(je-il parle ; je-tu peux)* ;
- les formes qui se prononcent de la même façon mais qui se distinguent à l'écrit *(je-tu voyais / il-elle voyait / ils-elles voyaient ; nous finirons / ils-elles finiront)*.

Sommaire général

LITTÉRATURE
POÉSIE : JACQUES PRÉVERT

Supports textuels : huit poèmes de J. Prévert

• *L'addition* 17
• *En sortant de l'école* 18
• *Chasse à l'enfant* 19
• *Chanson pour chanter à tue-tête et à cloche-pied* 20
• *Quand la vie est un collier...* 22
• *Chanson du vitrier* 23
• *Le chat et l'oiseau* 24
• *Refrains enfantins* 24

Supports iconographiques

• Photographie de R. Doisneau : *Prévert au guéridon* 16

Support audio*

• *En sortant de l'école*
• *Chasse à l'enfant*
• *Chanson pour chanter à tue-tête et à cloche-pied*
• *Quand la vie est un collier...*

Textes ressources supplémentaires : quatre poèmes de J. Prévert

• *Cortège* 26
• *Le message* 26
• *Mea culpa* 26
• *Accalmie* 26

SCIENCES
L'ÉDUCATION À LA SANTÉ

Supports textuels et iconographiques

• Trois photographies et une carte illustrant le thème « Le monde à table » 28
• « Manger équilibré ! », extrait d'un manuel de Sciences 29
• « Pourquoi faut-il manger ? », extrait d'un manuel de Sciences 29
• « Que contiennent les aliments ? », extrait d'un manuel de Sciences 30
• Tableau sur les ressources énergétiques 30
• « Déséquilibre alimentaire », extrait d'un manuel de Sciences 31
• Deux documents « Une semaine de nourriture » 32
• « Choisissez vos aliments », extrait d'un site Internet 33
• « Surpoids et obésité chez les enfants de 7 à 9 ans en France en 2000 », extrait d'un site Internet 33
• Jeu-test sur le petit déjeuner 34
• « Repères nutritionnels », page d'un site Internet 35
• « 60 plateaux repas analysés », extrait d'un article 36-37

* Le CD audio est intégré au *Fichier de l'élève photocopiable*.

LITTÉRATURE
BANDE DESSINÉE

Supports textuels et iconographiques
- *Astérix le Gaulois,* extrait de la première planche 40
- *Norbert le lézard,* la première planche 41
- *Bafflerog le sorcier*, les trois premières planches 42-44
- « Mon ourson », extrait d'une planche de *L'Ours Barnabé* 45
- La couverture de *Comanche : Le cavalier du Rio Perdu* 47
- Un extrait du scénario de *Comanche : Le cavalier du Rio Perdu* 48
- Une esquisse de *Comanche : Le cavalier du Rio Perdu* 48
- Une planche de *Comanche : Le cavalier du Rio Perdu* 49
- Six planches du *Fantôme des Canterville* 51-56
- O. Wilde, *Le Fantôme de Canterville* (extrait) 54-59
- B. Friot, *Chou* 59-60

GÉOGRAPHIE
L'EUROPE ET SA DIVERSITÉ

Supports textuels et iconographiques
- Cinq photographies de capitales européennes et une carte de l'Europe 64-65
- Six extraits d'une double page d'un manuel de Géographie 66-67
- Deux cartes extraites d'un manuel de Géographie 68
- Trois tableaux de maître 69-70
- Une double page d'un manuel de Géographie 71
- Une double page d'un manuel de Géographie 72-73

Documents ressources supplémentaires
- Quatre cartes extraites d'un manuel de Géographie 75-76

LITTÉRATURE
THÉÂTRE : LE VILAIN MIRE

Supports textuels
- C. Poslaniec et R. Boudet, *Le Vilain mire* (prologue et 1er tableau) 78-82
- *Le Vilain mire,* extrait en ancien français 83
- Molière, *Le Médecin malgré lui* (scène 5) 84-87
- C. Poslaniec et R. Boudet, *Le Vilain mire* (2e tableau) 89-90
- *Le Vilain mire,* la fin sous la forme du récit 92-93

Support audio*
- *Le Vilain mire* (prologue, 1er et 2e tableaux)
- *Le Médecin malgré lui* (scène 5)

MATHÉMATIQUES
RÉSOLUTION DE PROBLÈMES LIÉS À LA PROPORTIONNALITÉ

Supports textuels et iconographiques
- M. Aymé, *Le problème* (extrait) 98-100
- Six énoncés de problèmes extraits de manuels de mathématiques 100-101
- Une page de dictionnaire (extrait) 102
- Six énoncés de problèmes extraits de manuels de mathématiques 103-105
- Un énoncé de problème et deux résolutions d'élèves 107
- Une page de manuel de mathématiques (extraits) 108
- B. Tsobgny, *Ponok-Ponok* (extrait) 109-110

HISTOIRE
LA GRANDE GUERRE (1914-1918)

Supports textuels

- P. Barbeau, *La Guerre d'Éliane* (extrait) 113
- E. Jünger, *Orages d'acier* (extrait) 114
- Un extrait d'un manuel d'histoire 114
- Un extrait d'un article diffusé sur le site du Sénat 114
- Trois *Lettres de Poilus* 115-117
- E. Jünger, *Orages d'acier* (extrait) 116
- Trois extraits de manuels d'histoire 118-119
- Un exposé d'élève : « Le rôle des femmes pendant la Première Guerre mondiale » 121-122

Supports iconographiques

- Une photographie d'un monument aux morts 112
- Pef, *Zappe la guerre*, la couverture de l'album 112
- L'affiche de mobilisation du 1er août 1914 113
- Une carte postale de 1914 111
- Une photographie : « Le départ des soldats mobilisés » 111
- Dunoyer de Segonzac, *Croquis du front* 115
- Une photographie : « Soldat français déjeunant près des abris de sa tranchée » 117

Support audio*

- « Le rôle des femmes pendant la Première Guerre mondiale », exposé d'élève

Documents ressources supplémentaires

- Cinq photographies et trois textes sur « La guerre moderne » 124-126
- Une photographie, deux peintures et trois textes sur « La fin de la guerre » 127-128

LITTÉRATURE
RÉCIT POLICIER : UN INDICE DE TROP

Supports textuels

- A. Christie, *Un indice de trop* (1re partie) 133
- A. Christie, *Un indice de trop* (2e partie) 135
- A. Christie, *Un indice de trop* (3e partie) 136
- A. Christie, *Un indice de trop* (4e partie) 142
- « Le voleur de panthère », une enquête de l'inspecteur Bayard 144-145

Supports iconographiques

- Sept couvertures de récits policiers 132

Support audio*

- *Un indice de trop* (2e partie et 5e partie : la fin)

Index des compétences en observation réfléchie de la langue (ORL)

Compétences ORL intégrées à la progression des unités

Les relations et progressions dans le texte

- Repérer et classer les indicateurs temporels en fonction du genre de texte ... 120
- Repérer et analyser les différents sens de l'interrogation 88
- Repérer la valeur d'emploi de la ponctuation 46 72
- Distinguer les choix énonciatifs (temps verbaux, pronoms) en fonction du genre de texte.................................... 50 91
- Repérer et classer les mots exprimant un raisonnement 108
- Analyser la progression thématique................................ 34 71
- Repérer l'emploi des prépositions de lieu 21
- Repérer l'emploi du pronom relatif.................................... 23
- Expanser/condenser une information.................................... 69
- Reformuler 72
- Repérer et manipuler discours direct / discours indirect................. 132
- Distinguer les liens logiques et analyser leur rôle...................... 141

Le verbe dans la phrase et dans le texte

- Analyser la structure d'une phrase de documentaire.................... 120
- Distinguer les valeurs du présent...................................... 121
- Comparer et analyser les temps verbaux dans le récit (passé simple – imparfait) et dans les didascalies (présent – participe présent).. 94
- Comprendre l'emploi du participe présent 94
- Repérer et analyser les valeurs des temps verbaux dans les différentes parties d'une enquête (passé composé, présent de l'indicatif et du conditionnel)............................... 37
- Repérer et analyser la valeur d'emploi des temps dans un texte documentaire (présent) et dans un texte littéraire (imparfait) 68
- Repérer la valeur d'emploi des temps dans un récit : passé simple, passé composé, plus-que-parfait 132
- Distinguer et utiliser les modes verbaux dans le discours (indicatif, infinitif, subjonctif, impératif) 61
- Repérer et manipuler le conditionnel présent 106

Le nom dans la phrase et dans le texte

- Repérer et analyser les expansions du nom.............................. 42
- Repérer les reprises anaphoriques et analyser leur rôle.................. 139

Le lexique et l'orthographe lexicale

- Distinguer mots génériques et mots spécifiques 37 121
- Comparer expressions du Moyen Âge et expressions d'aujourd'hui 83
- Repérer et manipuler la dérivation : famille de mots 83

Compétences ORL transversales

(généralisation renvoyant au mémento)

Grille de relecture et de correction orthographique

Les classes de mots

Le nom commun
Les déterminants
Les pronoms
L'adjectif
L'adverbe
Le verbe

Le verbe dans la phrase

La construction du groupe verbal
La chaîne d'accord groupe nominal sujet / groupe verbal
La conjugaison du verbe :
- le présent de l'indicatif
- l'imparfait de l'indicatif
- le futur simple
- le passé simple
- le passé composé
- le présent de l'impératif
- le conditionnel
- le subjonctif présent
- le participe présent

Le nom dans la phrase

Les expansions du nom
La chaîne d'accord dans le groupe nominal

La construction de la phrase

Les types de phrases
Les compléments de phrase
La phrase au passif

Le lexique

Les informations données par le dictionnaire
La construction des mots

Sommaire des

	Thème et situation problème	Compétences LIRE	DIRE
LITTÉRATURE	POÉSIE ***Comment écrire et mettre en voix des poèmes qui diffèrent ou se répondent, s'assemblent ou se nuancent, et partager le langage d'un poète : Jacques Prévert ?*** **pp. 15 à 26**	*Je vais apprendre à...* • compléter mes représentations de la poésie : quels thèmes, quelles formes ? • lire des poèmes de Prévert, en comprendre les jeux de mots et de langage • comprendre le point de vue du poète sur le monde	*Je vais apprendre à...* • mettre en voix et en espace des poèmes de Prévert • créer un jeu vocal à partir de poèmes
SCIENCES	L'ÉDUCATION À LA SANTÉ ***Comment rendre compte des résultats d'une enquête et justifier ses commentaires à partir d'une recherche documentaire ?*** **pp. 27 à 38**	*Je vais apprendre à...* • analyser et utiliser les liens entre les différentes informations • mettre en œuvre des procédures de lecture adaptées à mon but de lecture : repérer des mots-clés • analyser le traitement des données d'une enquête	*Je vais apprendre à...* • conduire une enquête • présenter les résultats d'une enquête et les commenter
LITTÉRATURE	BANDE DESSINÉE ***Comment rédiger et mettre en scène une planche de bande dessinée ?*** **pp. 39 à 62**	*Je vais apprendre à...* • lire et comprendre des bandes dessinées, les intégrer au genre narratif • repérer les caractéristiques de ce genre littéraire • comparer un texte et sa transposition en BD	*Je vais apprendre à...* • participer à un débat à partir d'une planche de BD • mettre en scène une BD en articulant voix et bruitages
GÉOGRAPHIE	L'EUROPE ET SA DIVERSITÉ ***Comment analyser, décrire et mettre en lien différents documents sur les caractéristiques des espaces européens et en rédiger une synthèse ?*** **pp. 63 à 76**	*Je vais apprendre à...* • analyser les différentes natures de documents présents dans une page de manuel de géographie • articuler le contenu de différents documents • repérer et analyser les liens entre les différentes parties d'une page de manuel de géographie : du titre général à la synthèse • repérer une information nouvelle dans un texte	*Je vais apprendre à...* • présenter et commenter un document de synthèse en justifiant mes choix • décrire un paysage et justifier la légende qui l'accompagne

compétences travaillées

langagières

ÉCRIRE	OBSERVATION RÉFLÉCHIE DE LA LANGUE	Compétences disciplinaires abordées
Je vais apprendre à... • écrire des poèmes prolongeant ceux de Prévert	*Je vais apprendre à...* • repérer l'emploi des prépositions de lieu • repérer l'emploi du pronom relatif	*Je vais apprendre à...* • développer une culture littéraire • interpréter et comprendre un texte • mettre ma voix et mon corps en jeu autour d'un texte poétique
Je vais apprendre à... • élaborer un QCM • rédiger un document support de la présentation d'une enquête	*Je vais apprendre à...* • distinguer mots génériques – mots spécifiques • analyser comment sont définis les mots spécifiques • repérer et analyser les valeurs des temps dans les différentes parties d'une enquête	*Je vais apprendre à...* • repérer les actions bénéfiques ou nocives de certains comportements dans le cadre de l'éducation à la santé • comprendre les principes élémentaires des fonctions de nutrition • participer à la préparation d'une enquête en élaborant un protocole • rédiger un compte rendu
Je vais apprendre à... • rédiger le scénario d'une planche de BD • réaliser la planche de BD correspondante	*Je vais apprendre à...* • repérer et analyser les expansions du nom • repérer la valeur d'emploi de la ponctuation dans la BD • distinguer les indications pour guider le dessinateur et celles propres au récit • distinguer et utiliser les formes verbales dans le discours	*Je vais apprendre à...* • développer une culture littéraire • interpréter et comprendre un texte • acquérir des références culturelles par la mise en réseau des textes lus • s'initier à la lecture littéraire au travers de l'étude d'un genre : la bande dessinée
Je vais apprendre à... • rédiger la synthèse des informations recueillies pour caractériser et présenter un pays européen	*Je vais apprendre à...* • repérer et analyser la valeur d'emploi des temps dans un texte documentaire et dans un texte littéraire • expanser/condenser une information • analyser la construction d'une synthèse • analyser les valeurs des parenthèses dans un texte documentaire • reformuler	*Je vais apprendre à...* • nommer les espaces et comprendre leur diversité • utiliser, analyser et mettre en relation des sources documentaires variées • mener une recherche, rassembler un ensemble documentaire et l'organiser

Compétences

	Thème et situation problème	LIRE	DIRE
LITTÉRATURE	THÉÂTRE ***Comment transposer un fabliau en texte théâtral et le jouer ?*** **pp. 77 à 96**	*Je vais apprendre à...* • comprendre et interpréter un récit médiéval • distinguer indications scéniques (didascalies) et paroles de personnages • analyser le rôle des didascalies • caractériser le fabliau • comprendre le réseau de communication au théâtre	*Je vais apprendre à...* • confronter mon interprétation d'un texte littéraire • mettre un texte en voix • jouer une scène
MATHÉMATIQUES	RÉSOLUTION DE PROBLÈMES LIÉS À LA PROPORTIONNALITÉ ***Comment rédiger un énoncé de problème de mathématiques et présenter sa procédure de résolution ?*** **pp. 97 à 110**	*Je vais apprendre à...* • lire et analyser des énoncés de problèmes de mathématiques • analyser les données des énoncés • comprendre la formulation d'une règle : de l'exemple à la généralisation	*Je vais apprendre à...* • débattre à partir de deux points de vue divergents et argumenter ma position • présenter l'analyse de deux démarches de résolution d'un problème lié à la proportionnalité
HISTOIRE	LA GRANDE GUERRE (1914-1918) ***Comment rédiger et présenter une synthèse documentaire effectuée à partir de documents historiques ?*** **pp. 111 à 128**	*Je vais apprendre à...* • distinguer écrit littéraire et écrit documentaire • repérer et caractériser différentes sources d'informations • lire un document authentique avec le projet de comprendre un événement, de trier et de comparer les informations apportées • repérer et analyser les caractéristiques des textes de manuels d'Histoire	*Je vais apprendre à...* • participer à l'examen collectif d'un document iconographique • mettre en voix des lettres de Poilus • analyser un exposé oral • présenter un fait historique
LITTÉRATURE	RÉCIT POLICIER ***Comment émettre des hypothèses sur la résolution d'une énigme policière et rédiger les conclusions d'une enquête ?*** **pp. 129 à 143**	*Je vais apprendre à...* • caractériser un personnage • relever les éléments informatifs de l'enquête • distinguer les différents moments de l'enquête • comprendre le dénouement de l'enquête • repérer le rôle du narrateur • comprendre la spécificité du récit policer à énigme	*Je vais apprendre à...* • confronter mes représentations du genre policier à celles des autres • analyser la situation d'un personnage en l'interprétant • émettre des hypothèses et les justifier • présenter les conclusions d'une enquête policière

langagières

ÉCRIRE	OBSERVATION RÉFLÉCHIE DE LA LANGUE	Compétences disciplinaires abordées
Je vais apprendre à... • transposer un fabliau en texte théâtral	*Je vais apprendre à...* • comparer expressions du Moyen Âge et expressions d'aujourd'hui • repérer et analyser le sens de l'interrogation • comparer les caractéristiques grammaticales des répliques et des didascalies • comparer et analyser les temps dans le récit et dans les didascalies • comprendre l'emploi du participe présent • repérer, analyser et manipuler les différentes formes de didascalies	*Je vais apprendre à...* • développer une culture littéraire • me constituer un premier répertoire de références • interpréter et comprendre un texte • mettre ma voix et mon corps en jeu dans un travail collectif portant sur un texte théâtral
Je vais apprendre à... • reformuler les données d'un énoncé • rédiger l'énoncé d'un problème de mathématiques	*Je vais apprendre à...* • repérer et manipuler des mots de la même famille • repérer et manipuler le conditionnel présent • repérer et organiser les mots exprimant un raisonnement	*Je vais apprendre à...* • rechercher des informations • reconnaître, identifier, interpréter des données pertinentes • formuler et communiquer ma démarche et mes résultats • utiliser mes connaissances pour traiter des problèmes • mettre en œuvre un raisonnement, articuler les différentes étapes d'une solution
Je vais apprendre à... • prendre des notes • rédiger une synthèse à visée documentaire	*Je vais apprendre à...* • distinguer mots génériques et mots spécifiques • repérer et classer les indicateurs des temps en fonction du genre de texte • comprendre la structure d'une phrase de documentaire et en construire • distinguer les valeurs du présent	*Je vais apprendre à...* • comprendre la spécificité de l'Histoire : rassembler des documents autour d'un sujet, en donner la nature, la date et l'origine • distinguer les grandes périodes historiques, pouvoir les situer chronologiquement • utiliser des connaissances historiques
Je vais apprendre à... • réaliser un carnet d'enquête et rédiger mes conclusions	*Je vais apprendre à...* • repérer la valeur d'emploi des temps : passé simple, passé composé, plus-que-parfait • repérer et manipuler discours direct et discours indirect • repérer les reprises des noms et analyser leur rôle • distinguer les liens logiques et analyser leur rôle dans un raisonnement	*Je vais apprendre à...* • développer une culture littéraire • constituer un premier répertoire de références • interpréter et comprendre un texte • acquérir des références culturelles par la mise en réseau des textes lus • m'initier à la lecture littéraire au travers de l'étude d'un genre : le récit policier

Voici ton nouveau manuel de français.

Il va t'accompagner tout au long de l'année.

À l'école, tu lis, tu parles, tu écris dans toutes les matières. Par exemple, tu peux présenter un exposé oral en histoire, dire un poème, donner ton avis sur un récit... tu peux écrire une histoire ou rédiger une synthèse à partir de tes lectures...

Ce manuel va te permettre de réaliser des projets en t'aidant à mieux lire, mais aussi à mieux écrire et à mieux dire ce que tu penses.

BONNES LECTURES !

BONS ÉCHANGES !

LITTÉRATURE

POÉSIE : JACQUES PRÉVERT

DIRE / LIRE

Pour mieux comprendre le texte

- Qu'est-ce que le mot « poésie » évoque pour toi ?
- Le texte que tu vas lire a été écrit par Jacques Prévert.

  Connais-tu ce poète ?

  D'après la photographie ci-dessous, qu'imagines-tu sur lui ?

« Prévert au guéridon, quai Saint-Bernard » Paris, 1954.
Photographie de Robert Doisneau.

1 Écoute une mise en scène du texte suivant :

L'addition

LE CLIENT : – Garçon, l'addition !

LE GARÇON : – Voilà. (Il sort son crayon et note.) Vous avez... deux œufs durs, un veau, un petit pois, une asperge, un fromage avec beurre, une amande verte, un café filtre, un téléphone.

LE CLIENT : – Et puis des cigarettes !

LE GARÇON : (Il commence à compter.)
– C'est ça même... des cigarettes... Alors ça fait...

LE CLIENT : – N'insistez pas, mon ami, c'est inutile, vous ne réussirez jamais.

LE GARÇON : – !!!

LE CLIENT : – On ne vous a donc pas appris à l'école que c'est ma-thé-ma-ti-que-ment impossible d'additionner des choses d'espèce différente !

LE GARÇON : – !!!

LE CLIENT : (Élevant la voix.)
– Enfin, tout de même, de qui se moque-t-on ?... Il faut réellement être insensé pour oser essayer de tenter d'additionner un veau avec des cigarettes, des cigarettes avec un café filtre, un café filtre avec une amande verte et des œufs durs avec des petits pois, des petits pois avec un téléphone... Pourquoi pas un petit pois avec un grand officier de la Légion d'honneur*, pendant que vous y êtes !
(Il se lève.)
Non, mon ami, croyez-moi, n'insistez pas, ne vous fatiguez pas, ça ne donnerait rien, vous entendez, rien, absolument rien... pas même le pourboire !
(Et il sort en emportant le rond de serviette à titre gracieux.)

* un grand officier de la Légion d'honneur : un personnage qui a été décoré pour sa bravoure, son dévouement ou qui a contribué au rayonnement de son pays.

Jacques Prévert
dans *Histoires* © Éditions Gallimard

2 Que penses-tu de ce texte ?

3 Ce que dit le client te paraît-il invraisemblable ? Drôle ? Impoli ? Étrange ? Poétique ?

➔ Fiche 1

LIRE

1 **Écoute et lis le poème suivant :**

En sortant de l'école

En sortant de l'école
nous avons rencontré
un grand chemin de fer
qui nous a emmenés
tout autour de la terre
dans un wagon doré
Tout autour de la terre
nous avons rencontré
la mer qui se promenait
avec tous ses coquillages
ses îles parfumées
et puis ses beaux naufrages
et ses saumons fumés
Au-dessus de la mer
nous avons rencontré
la lune et les étoiles
sur un bateau à voiles
partant pour le Japon
et les trois mousquetaires des cinq doigts
de la main
tournant la manivelle d'un petit
sous-marin
plongeant au fond des mers
pour chercher des oursins
Revenant sur la terre
nous avons rencontré
sur la voie de chemin de fer
une maison qui fuyait
fuyait tout autour de la terre
fuyait tout autour de la mer
fuyait devant l'hiver
qui voulait l'attraper
Mais nous sur notre chemin de fer
on s'est mis à rouler
rouler derrière l'hiver
et on l'a écrasé
et la maison s'est arrêtée
et le printemps nous a salués
C'était lui le garde-barrière
et il nous a bien remerciés
et toutes les fleurs de toute la terre
soudain se sont mises à pousser
pousser à tort et à travers
sur la voie du chemin de fer
qui ne voulait plus avancer
de peur de les abîmer
Alors on est revenu à pied
à pied tout autour de la terre
à pied tout autour de la mer
tout autour du soleil
de la lune et des étoiles
À pied à cheval en voiture et en bateau
à voiles.

Jacques Prévert
dans *Histoires* © Éditions Gallimard

2 **Qui part en voyage ?**

3 **Ce voyage te paraît-il possible ?**

Fiche 2

LIRE / ÉCRIRE

1 Dans ton carnet de poèmes, écris le titre de ce texte : « Chasse à l'enfant ».

Écoute-le ; tu peux suivre le texte en même temps.

Chasse à l'enfant

Bandit ! Voyou ! Voleur ! Chenapan !

Au-dessus de l'île on voit des oiseaux
Tout autour de l'île il y a de l'eau

Bandit ! Voyou ! Voleur ! Chenapan !

Qu'est-ce que c'est que ces hurlements

Bandit ! Voyou ! Voleur ! Chenapan !

C'est la meute des honnêtes gens
Qui fait la chasse à l'enfant

Il avait dit J'en ai assez de la maison
de redressement
Et les gardiens à coup de clefs
lui avaient brisé les dents
Et puis ils l'avaient laissé étendu
sur le ciment

Bandit ! Voyou ! Voleur ! Chenapan !

Maintenant il s'est sauvé
Et comme une bête traquée
Il galope dans la nuit
Et tous galopent après lui
Les gendarmes les touristes les rentiers
les artistes

Bandit ! Voyou ! Voleur ! Chenapan !

C'est la meute des honnêtes gens
Qui fait la chasse à l'enfant
Pour chasser l'enfant pas besoin
de permis
Tous les braves gens s'y sont mis
Qu'est-ce qui nage dans la nuit
Quels sont ces éclairs ces bruits
C'est un enfant qui s'enfuit
On tire sur lui à coups de fusil

Bandit ! Voyou ! Voleur ! Chenapan !

Tous ces messieurs sur le rivage
Sont bredouilles et verts de rage

Bandit ! Voyou ! Voleur ! Chenapan !

Rejoindras-tu le continent rejoindras-tu
le continent

Au-dessus de l'île on voit des oiseaux
Tout autour de l'île il y a de l'eau.

Jacques Prévert
dans *Paroles* © Éditions Gallimard

2 Sur ton carnet, note ce que tu as envie d'exprimer après avoir entendu ce texte.

3 **Écris maintenant le titre de cet autre texte, puis écoute-le.**

4 **Relis ce texte et demande-toi pourquoi l'auteur l'intitule « chanson ».**

Chanson pour chanter à tue-tête et à cloche-pied

Un immense brin d'herbe
Une toute petite forêt
Un ciel tout à fait vert
Et des nuages en osier
Une église dans une malle
La malle dans un grenier
Le grenier dans une cave
Sur la tour d'un château
Le château à cheval
À cheval sur un jet d'eau
Le jet d'eau dans un sac
À côté d'une rose
La rose d'un fraisier
Planté dans une armoire
Ouverte sur un champ de blé
Un champ de blé couché
Dans les plis d'un miroir
Sous les ailes d'un tonneau
Le tonneau dans un verre
Dans un verre à Bordeaux
Bordeaux sur une falaise
Où rêve un vieux corbeau
Dans le tiroir d'une chaise
D'une chaise en papier
En beau papier de pierre
Soigneusement taillé
Par un tailleur de verre
Dans un petit gravier
Tout au fond d'une mare
Sous les plumes d'un mouton
Nageant dans un lavoir
À la lueur d'un lampion
Éclairant une mine
Une mine de crayons
Derrière une colline
Gardée par un dindon
Un gros dindon assis
Sur la tête d'un jambon
Un jambon de faïence
Et puis de porcelaine
Qui fait le tour de France
À pied sur une baleine
Au milieu de la lune
Dans un quartier perdu
Perdu dans une carafe
Une carafe d'eau rougie
D'eau rougie à la flamme
À la flamme d'une bougie
Sous la queue d'une horloge
Tendue de velours rouge
Dans la cour d'une école
Au milieu d'un désert
Où de grandes girafes
Et des enfants trouvés
Chantent chantent sans cesse
À tue-tête à cloche-pied
Histoire de s'amuser
Les mots sans queue ni tête
Qui dansent dans leur tête
Sans jamais s'arrêter

Et on recommence
Un immense brin d'herbe
Une toute petite forêt...
....

etc., etc., etc...

Jacques Prévert
dans *Histoires* © Éditions Gallimard

5 **Comme pour le premier texte, note ce que tu as envie d'exprimer après l'avoir entendu.**

6 **De quoi parle-t-on dans ces poèmes ?**

➜ Fiche 3

LIRE

1 Compare la mise en page des deux poèmes : *Chasse à l'enfant* et *Chanson pour chanter à tue-tête et à cloche-pied*.

2 Relis les deux textes. En quoi peux-tu dire qu'ils présentent une écriture poétique ?

Fiche 4

OBSERVATION RÉFLÉCHIE DE LA LANGUE

Observe les phrases composant le poème *Chanson pour chanter à tue-tête et à cloche-pied*. Comment Prévert les a-t-il construites ?

Comment les mots sont-ils reliés pour être chantés à tue-tête ?

Fiche 5

ÉCRIRE

Voici deux consignes d'écriture. Choisis celle qui te convient le mieux.

1 Le poème *Chasse à l'enfant* pose une question : « Rejoindras-tu le continent rejoindras-tu le continent ».

Écris une suite à ce poème, en répondant à la question et en employant les procédés poétiques qui te semblent les mieux adaptés.

2 Le poème *Chanson pour chanter à tue-tête et à cloche-pied* propose de tout recommencer !

Écris une suite au poème à partir des pointillés laissés par l'auteur. Utilise les procédés poétiques que tu as découverts.

Fiche 6

DIRE

1 **Écoute plusieurs comédiens dire ce nouveau poème de Jacques Prévert :**

Quand la vie est un collier
chaque jour est une perle
Quand la vie est une cage
chaque jour est une larme
Quand la vie est une forêt
chaque jour est un arbre
Quand la vie est un arbre
chaque jour est une branche
Quand la vie est une branche
chaque jour est une feuille

Quand la vie c'est la mer
chaque jour est une vague
chaque vague une plainte
une chanson un frisson
Quand la vie est un jeu
chaque jour est une carte
le carreau ou le trèfle
le pique le malheur
Et quand c'est le bonheur
les cartes de l'amour
c'est le cul et le cœur.

Jacques Prévert
dans *Fatras* © Éditions Gallimard

2 **Que penses-tu des choix d'expression des comédiens?**

3 **Choisis un extrait des poèmes de J. Prévert, ou une suite que tu as écrite, et prépare une mise en voix. Puis, dis ton texte à la classe.**

LIRE / DIRE

1 **Lis le poème suivant :**

Chanson du vitrier

Comme c'est beau
ce qu'on peut voir comme ça
à travers le sable à travers le verre
à travers les carreaux
tenez regardez par exemple
comme c'est beau
ce bûcheron
là-bas au loin
qui abat un arbre
pour faire des planches
pour le menuisier
qui doit faire un grand lit
pour la petite marchande de fleurs
qui va se marier
avec l'allumeur de réverbères
qui allume tous les soirs les lumières
pour que le cordonnier puisse voir clair
en réparant les souliers du cireur
qui brosse ceux du rémouleur
qui affûte les ciseaux du coiffeur
qui coupe le ch'veu au marchand d'oiseaux
qui donne ses oiseaux à tout le monde
pour que tout le monde soit de bonne humeur.

Jacques Prévert
dans *Histoires* © Éditions Gallimard

Collages de Jacques Prévert.

2 **Quelles personnes sont évoquées dans ce poème ? Quel lien y a-t-il entre elles ?**

3 **Comment dire ce poème à plusieurs voix ?**

➜ Fiche 7

OBSERVATION RÉFLÉCHIE DE LA LANGUE

Observe les phrases composant le poème *Chanson pour le vitrier*. Comment Prévert les a-t-il construites ?

➜ Fiche 8

SYNTHÈSE

Avec l'ensemble des élèves de ta classe, récapitule ce que tu as appris dans cette unité.

➔ Fiche Synthèse

ÉCRIRE

1 **Lis ces deux poèmes de Prévert.**

2 **Choisis celui que tu préfères, puis, avec les élèves de ton groupe, écrivez un ensemble de poèmes en lien avec celui de Prévert.**

Le chat et l'oiseau

Un village écoute désolé
Le chant d'un oiseau blessé
C'est le seul oiseau du village
Et c'est le seul chat du village
Qui l'a à moitié dévoré
Et l'oiseau cesse de chanter
Le chat cesse de ronronner
Et de se lécher le museau
Et le village fait à l'oiseau
De merveilleuses funérailles
Et le chat qui est invité
Marche derrière le petit cercueil de paille
Où l'oiseau mort est allongé
Porté par une petite fille
Qui n'arrête pas de pleurer
Si j'avais su que cela te fasse tant de peine
Lui dit le chat
Je l'aurais mangé tout entier
Et puis je t'aurais raconté
Que je l'avais vu s'envoler
S'envoler jusqu'au bout du monde
Là-bas où c'est tellement loin
Que jamais on n'en revient
Tu aurais eu moins de chagrin
Simplement de la tristesse et des regrets

Il ne faut jamais faire les choses à moitié.

Jacques Prévert

➔ Fiche 9

Refrains enfantins

Des petites filles courent dans les couloirs du théâtre en chantant.

Ouh ouh
ouh ouh
C'est la chanson du loup garou
Où où
quand quand
Comment comment
pourquoi pourquoi
Ouh ouh
ouh ouh
C'est la chanson du loup garou
Il pleut il pleut
Il fait beau
Il fait du soleil
Il est tôt
Il se fait tard
Il
Il
Il
toujours Il
Toujours Il qui pleut et qui neige
Toujours Il qui fait du soleil
Toujours Il
Pourquoi pas Elle
Jamais Elle
Pourtant Elle aussi
souvent se fait belle !

Jacques Prévert

« La Californie », 1956, enveloppe et mot manuscrit envoyés par Jacques Prévert à Picasso pour son anniversaire.

OBSERVATION RÉFLÉCHIE DE LA LANGUE

- Révise l'orthographe de tes textes à l'aide des outils qui sont à ta disposition : fiche synthèse de l'unité, mémento, dictionnaire, répertoire, affichages de classe…

DIRE

- Présente à la classe une mise en scène de tes poèmes.

Découvre ou redécouvre ces autres poèmes de Jacques Prévert.

Cortège

Un vieillard en or avec une montre en deuil
Une reine de peine avec un homme d'Angleterre
Et des travailleurs de la paix avec des gardiens de la mer
Un hussard de la farce avec un dindon de la mort
Un serpent à café avec un moulin à lunettes
Un chasseur de corde avec un danseur de têtes
Un maréchal d'écume avec une pipe en retraite
Un chiard en habit noir avec un gentleman au maillot
Un compositeur de potence avec un gibier de musique
Un ramasseur de conscience avec un directeur de mégots
Un repasseur de Coligny avec un amiral de ciseaux
Une petite sœur de Bengale avec un tigre de Saint-Vincent-de-Paul
Un professeur de porcelaine avec un raccommodeur de philosophie
Un contrôleur de la Table Ronde avec des chevaliers de la Compagnie du Gaz de Paris
Un canard de Sainte-Hélène avec un Napoléon à l'orange
Un conservateur de Samothrace avec une victoire de cimetière
Un remorqueur de famille nombreuse avec un père de haute mer
Un membre de la prostate avec une hypertrophie de l'Académie française
Un gros cheval in partibus avec un grand évêque de cirque
Un contrôleur à la croix de bois avec un petit chanteur d'autobus
Un chirurgien terrible avec un enfant dentiste
Et le général des huîtres avec un ouvreur de Jésuites.

Le message

La porte que quelqu'un a ouverte
La porte que quelqu'un a refermée
La chaise où quelqu'un s'est assis
Le chat que quelqu'un a caressé
Le fruit que quelqu'un a mordu
La lettre que quelqu'un a lue
La chaise que quelqu'un a renversée
La porte que quelqu'un a ouverte
La route où quelqu'un court encore
Le bois que quelqu'un traverse
La rivière où quelqu'un se jette
L'hôpital où quelqu'un est mort.

Mea culpa

C'est ma faute
C'est ma faute
C'est ma très grande faute d'orthographe
Voilà comment j'écris
Giraffe.

Accalmie

Le vent
Debout
S'assoit
Sur les tuiles du toit.

SCIENCES

L'ÉDUCATION À LA SANTÉ

DIRE

Le monde à table

Chaque famille présente ce qui constitue pour elle une semaine de nourriture :

La famille Ayme, en Équateur.

La famille Madsens, au Groenland.

La famille Melander, en Allemagne.

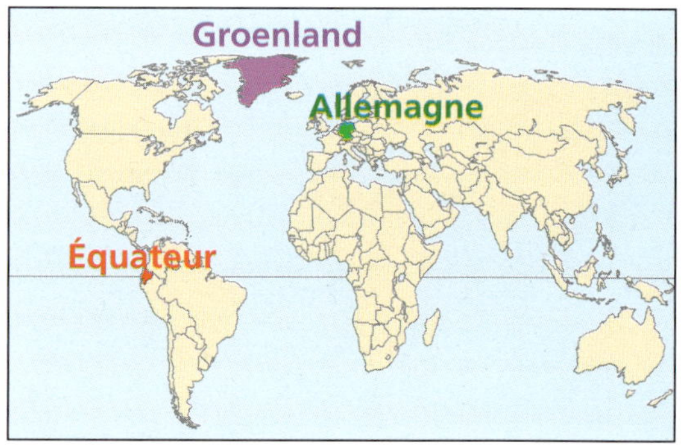

1 Observe les photographies ci-dessus et demande-toi :
- ce qu'elles évoquent,
- comment elles sont composées,
- quelle est l'intention du photographe.

2 Quelles informations peut-on recueillir de la comparaison de ces trois photographies ?
Échange avec tes camarades.

ÉCRIRE

Récapitule sous forme de tableau les informations dégagées de la comparaison des photos :
- choisis les catégories que tu décides de comparer ;
- note les remarques que cette comparaison te suggère.

LIRE / ÉCRIRE

Pour mieux comprendre les textes

- Le corps humain contient de l'eau, des sels minéraux, des glucides, des lipides et des protides.

  Pour vivre, le corps consomme ces matières, c'est pourquoi les êtres humains ont besoin de se nourrir pour les renouveler en permanence.

- Le joule est l'unité de mesure de l'énergie apportée par les aliments. Le joule s'écrit avec le symbole J et son multiple est le kilojoule (kJ).

1 Lis les quatre documents suivants :

1 Manger équilibré !

Les aliments que tu manges chaque jour sont classés en six groupes.

Indispensables pour grandir : les aliments riches en calcium
Groupe 1 : lait, yaourt, laitages, fromages

Matériaux de construction du corps : les aliments riches en protides
Groupe 2 : viande, poisson, œufs

Indispensables au bon fonctionnement du corps : les aliments riches en fibres et en vitamines
Groupe 3 : légumes et fruits

Énergie nécessaire au fonctionnement du corps : les aliments riches en glucides.
Groupe 4 : pain, céréales, pâtes, pommes de terre, riz (féculents riches en amidon) et confiture, sucre, miel (riches en sucre)

Énergie nécessaire au fonctionnement du corps : les aliments riches en lipides.
Groupe 5 : beurre, huile, crème, charcuterie (riches en matières grasses)

Pour renouveler l'eau de notre corps :
Groupe 6 : eau (1 litre et demi d'eau par jour minimum), boissons.

Il faut manger chaque jour au moins un aliment de chacun des différents groupes ci-dessus.

Les Savoirs de l'école, Sciences et technologies cycle 3

2 Pourquoi faut-il manger ?

Pour grandir, tu as besoin d'aliments bâtisseurs. Pour vivre, marcher, courir, tu as besoin d'aliments énergétiques. Pour rester en bonne santé, tu as besoin d'aliments protecteurs.
Les aliments bâtisseurs contiennent des protides. Les aliments énergétiques sont riches en glucides (amidon) ou en matières grasses. Les aliments protecteurs apportent des vitamines et des fibres.

Sciences cycle 3

3 Que contiennent les aliments ?

Filet de cabillaud
Protides : 13,8 g
Glucides : 12,6 g
Lipides : 0,3 g

Haricots verts
Protides : 1,5 g
Lipides : 0,4 g
Fibres : 3,5 g

Pommes de terre
Protides : 2,5 g
Glucides : 22,7 g
Lipides : 5,5 g

Pain
Protides : 8 g
Glucides : 41 g
Lipides : 4 g
Fibres : 1,3 g
Vitamines

Steak haché
Protides : 16 g
Glucides : 1 g
Lipides : 15 g

Lait demi écrémé
Protides : 3,15 g
Glucides : 5 g
Lipides : 1,55 g
Calcium : 0,12 g

Pâtes
Protides : 12,5 g
Glucides : 55,2 g
Matières grasses : 2,5 g

Salade
Protides : 2,5 g
Fibres : 5,3 g
Lipides : 0,5 g

Jus d'orange
Protides : 0,7 g
Sucre : 9 g
Fibres : 0,5 g
Vitamine C

Huile
Matières grasses : 100 g

* Les fibres et le sucre font partie des glucides.

Composition des aliments pour 100 g.

Sciences cycle 3 © Magnard, 2003

4

Âge, état et activité	Besoins énergétiques quotidiens	
	Homme	Femme
Enfants de 1 à 3 ans	5 700 kJ	
Enfants de 4 à 6 ans	7 600 kJ	
Enfants de 7 à 9 ans	9 200 kJ	
Enfants de 10 à 12 ans	10 900 kJ	9 800 kJ
Adolescents de 13 à 15 ans	12 100 kJ	10 400 kJ
Adultes		
– activité faible	8 800 kJ	7 500 kJ
– activité moyenne	11 300 kJ	8 400 kJ
– activité intense	12 500 kJ	9 200 kJ
– grossesse		8 300 à 9 000 kJ

Température de l'air	Dépense énergétique
0 °C	12,6 kJ/h
10 °C	6 kJ/h
18 °C	3,6 kJ/h
30 °C	7 kJ/h

D'après documents sélectionnés sur le site Internet www.cndp.fr/themadoc/besoins/

2 **Quelles sont la nature et la forme de chaque document ?**

3 **Quelles informations ces documents apportent-ils ?**

4 **Dans quelle intention ces documents ont-ils été rédigés ?**

5 **Afin de garder une trace de ta lecture de ces documents, regroupe les principales informations recueillies.**

➜ Fiche 1

OBSERVATION RÉFLÉCHIE DE LA LANGUE

1 **Relis le document 2, page 29. Quels groupes d'aliments sont-ils distingués ?**

2 **Que remarques-tu concernant la construction des expressions qui désignent ces groupes ?**

3 **Pourquoi les auteurs ont-ils ajouté à chaque fois un adjectif après le nom ?**

➜ Fiche 2

LIRE / ÉCRIRE

Pour mieux comprendre les documents

- Tu vas lire des documents qui sont regroupés sous le titre « Déséquilibre alimentaire ». Recherche dans ta mémoire les connaissances que tu possèdes déjà sur ce sujet.

1 **Lis maintenant les documents ci-dessous.**

Déséquilibre alimentaire

A

La sous-nutrition et la malnutrition

Plus d'un milliard d'êtres humains souffrent de sous-nutrition ou de malnutrition :

- la sous-nutrition est un manque de nourriture par rapport aux besoins de l'organisme ;
- la malnutrition est un manque de certains groupes d'aliments, en particulier d'aliments bâtisseurs, ce qui provoque des retards de croissance très graves.

La suralimentation

Dans les pays riches, les mauvaises habitudes alimentaires provoquent l'obésité ou encore des maladies du cœur et des vaisseaux sanguins. Elles sont dues à un excès de sucres, de graisses ou de viande dans l'alimentation.

Les Savoirs de l'école, Sciences et technologies cycle 3

B

Une semaine de nourriture pour 10 personnes
La famille Ayme, en Équateur

Céréales et féculents : pommes de terre : 45 kg ; riz : 22,5 kg ; farine de maïs : 4,5 kg ; farine de blé : 4,5 kg ; farine de pois verts : 3,6 kg.

Produits laitiers : lait : 8 l, fournis par la vache familiale.

Viandes, poissons et œufs : aucun.

Fruits et légumes : bananes plantains : 6 kg ; bananes : 3 kg ; oranges : 1,6 kg ; citrons : 1,1 kg ; mûres : 450 g ; lentilles : 4,5 kg ; carottes : 1,6 kg ; oignons : 1,2 kg ; poireaux : 900 g ; laitue : 1.

Condiments : sucre brun : 5 kg ; sel : 680 g ; huile : 3 cl.

Boissons : orties pour le thé : 1 bouquet ; eau de la source.

C

Une semaine de nourriture pour 4 personnes
La famille Melander, en Allemagne

Céréales et féculents : flocons de céréales : 1,5 kg ; pains divers : 4,5 kg ; croissants : 250 g ; pâtes : 1 kg ; farine : 300 g.

Produits laitiers : lait : 14,5 l ; yaourts : 6,5 kg ; fromages : 800 g ; crème : 400 g ; crème aigre : 300 g ; beurre : 250 g.

Viandes, poissons et œufs : bœuf : 1,7 kg ; porc : 630 g ; charcuterie : 600 g ; poisson surgelé : 600 g ; filets de harengs : 400 g.

Fruits et légumes : oranges : 4 kg ; pommes : 1,8 kg ; bananes : 1,1 kg ; raisins noirs : 300 g ; chou blanc : 1 ; tomates cerises : 1,5 kg ; petits pois (surgelés) : 1 kg ; oignons : 1,2 kg ; concombre : 1 kg ; navets : 1 kg ; laitues : 4 ; fenouils : 800 g ; roquette : 500 g ; carottes : 500 g ; poireaux : 500 g ; champignons : 300 g ; radis : 280 g ; poivrons : 700 g ; ail : 6 g.

Condiments : huile d'olive : 480 g ; vinaigre : 30 cl ; moutarde : 250 g ; vinaigrette : 45 cl ; sucre : 375 g ; ketchup : 240 g ; sel : 200 g ; lard : 550 g ; margarine : 125 g ; olives et amandes : 300 g ; paprika : 100 g ; poivre : 50 g ; origan : 6 g.

Desserts et snacks : chocolat : 500 g ; gâteaux : 500 g ; pistaches : 300 g ; roulés à la cannelle : 2.

Plats cuisinés : pizzas surgelées : 1,1 kg ; pâtes surgelées : 1 kg ; légumes surgelés : 1 kg ; goulasch : 1,1 kg ; soupes en boîte : 770 g ; conserves : 700 g ; sauce tomate : 400 g ; tomates séchées : 250 g ; soupes instantanées : 200 g.

Boissons : eau pétillante : 14 l ; bière : 4,8 l ; jus de fruits : 7,5 l ; vin : 2,8 l ; cacao : 400 g ; café : 250 g ; thé aux fruits : 200 g ; thé noir : 25 sachets.

Divers : compléments vitaminés : 260 g ; vitamines : 167 cachets.

D Choisissez vos aliments

Chaque famille d'aliments a sa place dans votre assiette, et ce quotidiennement. Tous sont indispensables pour assurer un équilibre nutritionnel, mais certains doivent être consommés avec modération, tandis que d'autres sont à privilégier.

Des fruits et des légumes : au moins 5 fois par jour
Les fruits et les légumes sont riches en minéraux et en vitamine C. Ils contiennent aussi des fibres qui calment l'appétit de façon rapide et durable et qui facilitent le transit intestinal. Ils apportent peu de calories grâce à leur teneur élevée en eau, et sont donc des aliments de choix pour la prévention de l'obésité et du diabète. Les antioxydants qu'ils renferment (bêta-carotène, vitamines C et E, polyphénols…) pourraient expliquer l'effet protecteur reconnu des fruits et légumes vis-à-vis des maladies cardiovasculaires et des cancers.

http://www.manger-bouger.fr

E Surpoids et obésité chez les enfants de 7 à 9 ans, France, 2000

Extrait d'un rapport rédigé par l'institut de veille sanitaire à partir d'une étude effectuée sur des enfants français de 7 à 9 ans.

[…] Les facteurs associés à l'obésité font ressortir le rôle important de la sédentarité. Les enfants de cette étude passaient des temps importants à des activités sédentaires telles que la télévision. Ce facteur est associé au surpoids et à l'obésité chez les garçons. Chez les filles, la pratique d'un sport semble être le facteur distinguant celles qui avaient une corpulence normale des obèses. Une relation significative a été mise en évidence entre la présence d'un surpoids chez les parents et le statut anthropométrique* des enfants, tant chez les filles que chez les garçons. Par exemple, les filles présentant un surpoids ont, pour 16 % d'entre elles, un père obèse contre 3 % chez celles ne présentant pas de surpoids.

* le statut anthropométrique des enfants : la mensuration des enfants.

http://www.invs.sante.fr

2 **En t'appuyant sur des exemples précis, justifie le titre général donné à ce groupement de textes.**

3 **Afin de garder une trace du contenu de ces documents, récapitule les informations recueillies.**

➜ Fiche 3

OBSERVATION RÉFLÉCHIE DE LA LANGUE

1 Relis ces deux extraits :

Les enfants de cette étude passaient des temps importants à des activités sédentaires telles que la télévision. (doc. E)

La sous-nutrition est un manque de nourriture par rapport aux besoins de l'organisme. (doc. A)

2 Les procédés utilisés pour expliquer les termes spécialisés soulignés sont-ils les mêmes dans ces deux phrases ?

3 Quels mots relient les termes soulignés et les indications qui les expliquent ensuite ?

➜ Fiche 4

DIRE

1 Lis le document suivant :

À quoi ressemble ton petit déjeuner ?

1 Combien de temps accordes-tu à ton petit déjeuner ?

a 1 minute.
b 5 minutes.
c 15 minutes.

2 Comment t'installes-tu pour manger ?

a Assis à table.
b Allongé sur le canapé.
c Debout dans la cuisine.

3 Que manges-tu en général au petit déjeuner ?

a Rien.
b Un bol de céréales, du lait et une orange.
c Un gâteau et un verre de soda.

4 Qu'est-ce que tu fais d'autre au petit déjeuner ?

a Je regarde mon émission préférée à la télé.
b On discute tous ensemble autour de la table.
c Je finis de m'habiller car… je suis toujours en retard !

5 Et aux repas ?

a Je mange souvent entre les repas.
b Je ne mange presque rien le midi mais je prends un gros goûter.
c Je mange bien le midi et le soir.

2 À qui et à quoi peuvent servir les cinq questions que tu viens de lire ?

3 Comment s'y prend-on pour répondre à ces questions ?

ÉCRIRE

Avec ta classe, construis le questionnaire correspondant à votre projet d'enquête. Vous pourrez vous aider de tous les documents à votre disposition et du récapitulatif suivant :

Repères nutritionnels

Fruits et légumes

➤ **Au moins 5 par jour**

★ À chaque repas et en cas de petits creux,
★ Crus, cuits, nature ou préparés,
★ Frais, surgelés ou en conserve.

Pains, céréales, pommes de terre et légumes secs

➤ **À chaque repas et selon l'appétit**

★ Favoriser les aliments céréaliers complets ou le pain bis.
★ Privilégier la variété.

Lait et produits laitiers (yaourts, fromages)

➤ **3 par jour**

★ Privilégier la variété.
★ Privilégier les fromages les plus riches en calcium, les moins gras et les moins salés.

Viandes et volailles, produits de la pêche et œufs

➤ **1 à 2 fois par jour**

★ En quantité inférieure à celle de l'accompagnement.
★ Viandes : privilégier la variété des espèces et les morceaux les moins gras.
★ Poisson : au moins 2 fois par semaine.

Matières grasses ajoutées

➤ **Limiter la consommation**

★ Privilégier les matières grasses végétales (huiles d'olive, de colza...).
★ Favoriser la variété.
★ Limiter les graisses d'origine animale (beurre, crème...).

Produits sucrés

➤ **Limiter la consommation**

★ Attention aux boissons sucrées.
★ Attention aux aliments gras et sucrés à la fois (pâtisseries, crèmes dessert, chocolat, glaces...).

Boissons

➤ **De l'eau à volonté**

★ Au cours et en dehors des repas.
★ Limiter les boissons sucrées (privilégier les boissons allégées).
★ Boissons alcoolisées : ne pas dépasser, par jour, 2 verres de vin (de 10 cl) pour les femmes* et 3 pour les hommes. 2 verres de vin sont équivalents à 2 demis de bière ou 6 cl d'alcool fort.

** à l'exclusion des femmes enceintes auxquelles il est recommandé de s'abstenir de toute consommation d'alcool pendant la durée de la grossesse.*

Sel

➤ **Limiter la consommation**

★ Préférer le sel iodé.
★ Ne pas resaler avant de goûter.
★ Réduire l'ajout de sel dans les eaux de cuisson.
★ Limiter les fromages et les charcuteries les plus salés et les produits apéritifs salés.

Activité physique

➤ **Au moins l'équivalent d'une demi-heure de marche rapide chaque jour**

★ À intégrer dans la vie quotidienne (marcher, monter les escaliers, faire du vélo...).

➔ Fiche 5

www.manger-bouger.fr

DIRE

La classe a élaboré un questionnaire à choix multiples (QCM). Il faut maintenant le proposer au public visé. Comment aborder les personnes ? Comment présenter le QCM pour les convaincre d'y répondre sincèrement et sérieusement ?

Organisez un jeu de rôle pour déterminer les attitudes et les mots les plus convaincants.

RÉALISATION DE L'ENQUÊTE

LIRE

Le document ci-dessous correspond au compte rendu d'une enquête effectuée sur les repas servis en cantine.

Lis-le et demande-toi quelles informations importantes tu peux retenir de cette enquête.

60 plateaux repas analysés

L'analyse en laboratoire des repas servis dans 15 écoles maternelles ou primaires pendant 4 jours.

PROTOCOLE

Nous avons analysé les repas servis dans quinze écoles maternelles et primaires, de quinze communes différentes. Dans chacune d'entre elles, nous avons prélevé le contenu d'un plateau, pain compris, pendant quatre jours de la même semaine. Pour être autorisés à le faire, nous avons dû nous engager à ne pas dévoiler le nom des communes. Les résultats sont ceux de nos analyses en laboratoire sauf pour le calcium, pour lequel nous avons estimé l'apport du produit laitier à partir du poids de la portion et des tables de composition nutritionnelle ou des informations présentes sur les emballages.

Recommandations pour une alimentation équilibrée	glucides : 55 %	protides : 10 à 15 %	lipides : 30 à 35 %
Résultats après analyses de 60 plateaux-repas	glucides : 44,5 % (de 29 à 56 % selon les écoles)	protides : 20 % (de 15,5 à 26 % selon les écoles)	lipides : 33,5 % (de 27 à 53 % selon les écoles)

	recommand. par repas	résultats
calcium	170 mg*	130 mg (de 80 à 235 mg)
vitamine C	32 mg	24 mg (de 4 à 70 mg)
sel	2,2 g	3,2 g (de 2,1 à 5,3 g)

* Calcium apporté par le produit laitier, censé représenter la moitié du calcium du repas.

COMMENTAIRES

Glucides / protides / lipides

Le partage fait apparaître globalement un excès de protéines et un déficit en glucides (alors que la ration de pain est incluse). Fâcheux car, même si l'hypothèse reste à confirmer, l'excès de protéines pourrait jouer un rôle dans la genèse de l'obésité.

Sel

Les apports sont très excédentaires. Si l'on se base sur un seuil maximal pourtant peu sévère de 5 g par jour en maternelle et de 6 g en élémentaire – les recommandations pour la population générale sont de 6 à 8 g – il est ici dépassé de 40 % en élémentaire et de 54 % en maternelle. Regrettable pour la santé des enfants mais aussi parce qu'on les habitue ainsi à manger trop salé.

Calcium

Les apports sont corrects en maternelle mais insuffisants en élémentaire où les besoins sont plus élevés : la différence avec les recommandations est de 40 %. Pas très étonnant puisque notre analyse des menus montre qu'à peine un tiers des communes respecte la fréquence recommandée pour les fromages riches en calcium. Il est temps de revenir aux produits traditionnels bien pourvus en calcium : emmental, comté, cantal, yaourt… et de mettre la pédale douce sur les spécialités à tartiner.

D'après un article de la revue *Que choisir* de février 2005

➜ Fiche 6

OBSERVATION RÉFLÉCHIE DE LA LANGUE

1 **Relis les phrases suivantes, reprises du compte rendu de l'enquête sur les cantines scolaires, en te demandant lesquelles appartiennent à la partie « Protocole » et lesquelles appartiennent à la partie « Commentaires ».**

2 **Comment les reconnais-tu ?**

Phrase 1

Nous avons analysé les repas servis dans quinze écoles maternelles et primaires de quinze communes différentes.

Phrase 2

Les apports en sel sont très excédentaires.

Phrase 3

Les apports en calcium sont corrects en maternelle mais insuffisants en élémentaire où les besoins sont plus élevés.

Phrase 4

Dans chacune de ces communes, nous avons prélevé le contenu d'un plateau, pain compris, pendant quatre jours de la même semaine.

➜ Fiche 7

DIRE

1. Comme chacun de tes camarades, rends compte des résultats des deux questionnaires dont tu es responsable.

2. Avec l'ensemble des élèves de ta classe, récapitulez les données et dégagez-en des conclusions chiffrées.

3. Commentez les résultats des questions qui ont été rédigées.

SYNTHÈSE

- Avec l'ensemble des élèves de ta classe, récapitule ce que tu as appris dans cette unité.

→ Fiche Synthèse

ÉCRIRE

- À partir de tout ce que tu as appris dans cette unité et des connaissances que tu as acquises en Sciences dans le domaine de l'éducation à la santé, rédige un document support à la restitution de l'enquête.

  Aide-toi de la trame qui figure dans ta fiche Synthèse.

OBSERVATION RÉFLÉCHIE DE LA LANGUE

- Révise l'orthographe de tes textes.

DIRE

- Présente à l'ensemble des personnes que tu as interrogées les résultats de l'enquête, leur analyse, ainsi que les propositions de meilleure hygiène de vie que tu souhaites transmettre.

LITTÉRATURE

BANDE DESSINÉE

DIRE / ÉCRIRE

1 De quelle bande dessinée est extraite cette page?

2 Lis-la, puis échange avec tes camarades...
- sur ce que tu as compris du contenu;
- sur la manière dont tu as lu cette page.

3 Repère qui sont les personnages principaux, puis dessine la dernière bande de cette planche pour terminer la première séquence de cette histoire.

➔ Fiche 1

LIRE

1 Lis cette page extraite de l'album *Norbert le lézard.*

Norbert le lézard

Patrick Cothias et Régis Loisel, *Norbert le lézard*

2 Qui est le personnage principal ?

3 Explique la différence de taille des vignettes 1 et 3.

➜ Fiche 2

OBSERVATION RÉFLÉCHIE DE LA LANGUE

1 Lis à voix haute cette phrase de Norbert le lézard :

« Le baron Fulbert est un oiseau passereau de mauvais augure de la famille des corvidés mesurant plus de soixante centimètres de longueur au plumage très noir et au… »

2 À quels endroits fais-tu une pause ? Explique comment tu as choisi ces endroits.

➜ Fiche 3

LIRE

1 Découvre une nouvelle bande dessinée en lisant les trois planches suivantes.

Bafflerog le sorcier

JE SUIS UN SORCIER DIABOLIQUE. JE FAIS DES CHOSES AFFREUSES AUX GENS INNOCENTS, COMME MON PÈRE L'A FAIT AVANT MOI, COMME LE SIEN AVANT LUI, ET AINSI DE SUITE.
VOILÀ CE QUE JE FAIS. VOILÀ CE QUE JE SUIS.
MAIS SI TU N'AIMES PAS...
AH ! L'ESCARBOUCLE ! JE L'AVAIS OUBLIÉE ! ALCHIMITES ! L'ESCARBOUCLE, S'IL VOUS PLAÎT !
ALORS... QUELLE CHOSE AFFREUSE AS-TU PRÉVUE POUR AUJOURD'HUI ?
J'AI PENSÉ À UNE TEMPÊTE. UNE GROSSE. EN PLEIN SUR LE VILLAGE.
UNE DE CES TEMPÊTES BIEN SOMBRES ET DÉSAGRÉABLES, AVEC PLEIN D'ÉCLAIRS, DE VENT, DE GRÊLE ET DE PLUIE.
J'ESPÈRE SEULEMENT QU'ILS NE VONT PAS S'ENRHUMER. JE SAIS À QUEL POINT C'EST DÉSAGRÉABLE D'AVOIR LE NEZ QUI COULE.
AH, MERCI ! MES PETITS SERVITEURS NE SONT-ILS PAS CHARMANTS ? LE PLAISIR D'UN...
DERRIÈRE TOI.
HEIN ?

Kurt Busiek et David Wenzel, *Bafflerog le sorcier*

2 **À quel genre de récit te fait penser cette bande dessinée ?**

3 **Observe comment est composée chaque planche en te demandant quel effet cela produit sur le lecteur.**

➜ Fiche 4

DIRE

Avec ta classe, vous avez découvert l'univers de Bafflerog le sorcier, ses personnages et ses objets étranges.
En groupe, mettez en sons l'extrait de BD :
- imaginez la voix et le ton employés par les personnages parlants ;
- imaginez les bruits faits par les manipulations et les déplacements ;
- imaginez les sons et les paroles émis par les alchimites...

LIRE

1 Observe cette planche de *L'Ours Barnabé* dont il manque les vignettes de la bande centrale.

Mon ourson

Philippe Coudray, *Comme un poisson dans l'eau*
dans la collection « L'ours Barnabé » © Mango Jeunesse

2 D'après toi, que s'est-il passé entre le début et la fin de cette histoire ? Dessine les vignettes qui manquent.

3 Que penses-tu de la dernière vignette ?

➜ Fiche 5

OBSERVATION RÉFLÉCHIE DE LA LANGUE

1 **Observe les vignettes regroupées ci-dessous.**

2 **Repère le contenu des bulles qui montrent qu'un personnage pose une question.**

1

2

3

4

5

6

Fiche 6

Pour mieux comprendre les documents

- As-tu déjà vu un western ? As-tu déjà lu un roman ou une BD qui se passent dans le Far-West ?
- Rappelle-toi quels sont les personnages habituels du western : le cow-boy, le shérif, les Indiens (les Sioux, les Comanches)… Quels sont les thèmes habituels du western : conquérir de nouvelles terres, trouver de l'or…
- Un scénariste et un illustrateur (Greg et Rougé) ont créé une série de BD qui se passe dans l'ouest américain, au XVIIIe siècle : « Comanche ». Dans le volume *Les Cavaliers du Rio Perdu*, des cow-boys accueillent dans leur ranch deux Indiens qui ne veulent pas rester enfermés dans le territoire imposé par les Blancs (la réserve). Mais certains Blancs ont décidé de pourchasser les deux Indiens. Comme le ranch n'est pas un abri sûr, les cow-boys partent avec les Indiens dans un lieu abandonné : le Rio Perdu. Endroit où il se passe des choses si effrayantes que les Indiens tentent de s'enfuir…

Observe les trois documents qui suivent et repère comment se construit une bande dessinée.

1 Extrait du scénario rédigé par Greg pour la planche 20 des *Cavaliers du Rio Perdu*

Greg		COMANCHE Les cavaliers du Rio Perdu PL. 20
A.1/2	Ten et Red sont bousculés par les deux Comanches,qui,absolument fous de terreur,foncent vers la sortie(rue) . Toby essaye en vain de les retenir.	Comanches - AHOKAH-WAHO! AHOKAH - WAHO! Toby -Hey!Non!Attendez! (VrrrRRRoooommmmmmmmm
A/3	Ten soutient Red qui,bousculé par un des indiens,s'est de nouveau fait mal.Il s'appuye d'un bras sur Ten et de l'autre s'agrippe à son arme.	Red - Toby!Arrète-les!Ils vont sauter à cheval et filer droit devant eux!
B.1/2	Dans la rue,dehors.Clair de lune.Les 2 indiens étaient effectivement déjà aux chevaux,attachés pour la nuit à un reste de barrière(on voit la carriole dételée,un peu plus loin). Les chevaux sont nerveux,il y en a un qui se cabre.Un des indiens essaye d'en détacher un,Toby,arrivant en courant,parvient à attraper le 2e indien par la ceinture.	Toby - Feu-d'Orage! Torrent-d'Eté! Les guerriers comanches sont-ils des vieilles squaws?Restez ici,bon sang de mille millions de trouillards!

2 Extrait de l'esquisse réalisée par Rougé pour la planche 20

3 Version définitive de la planche 20

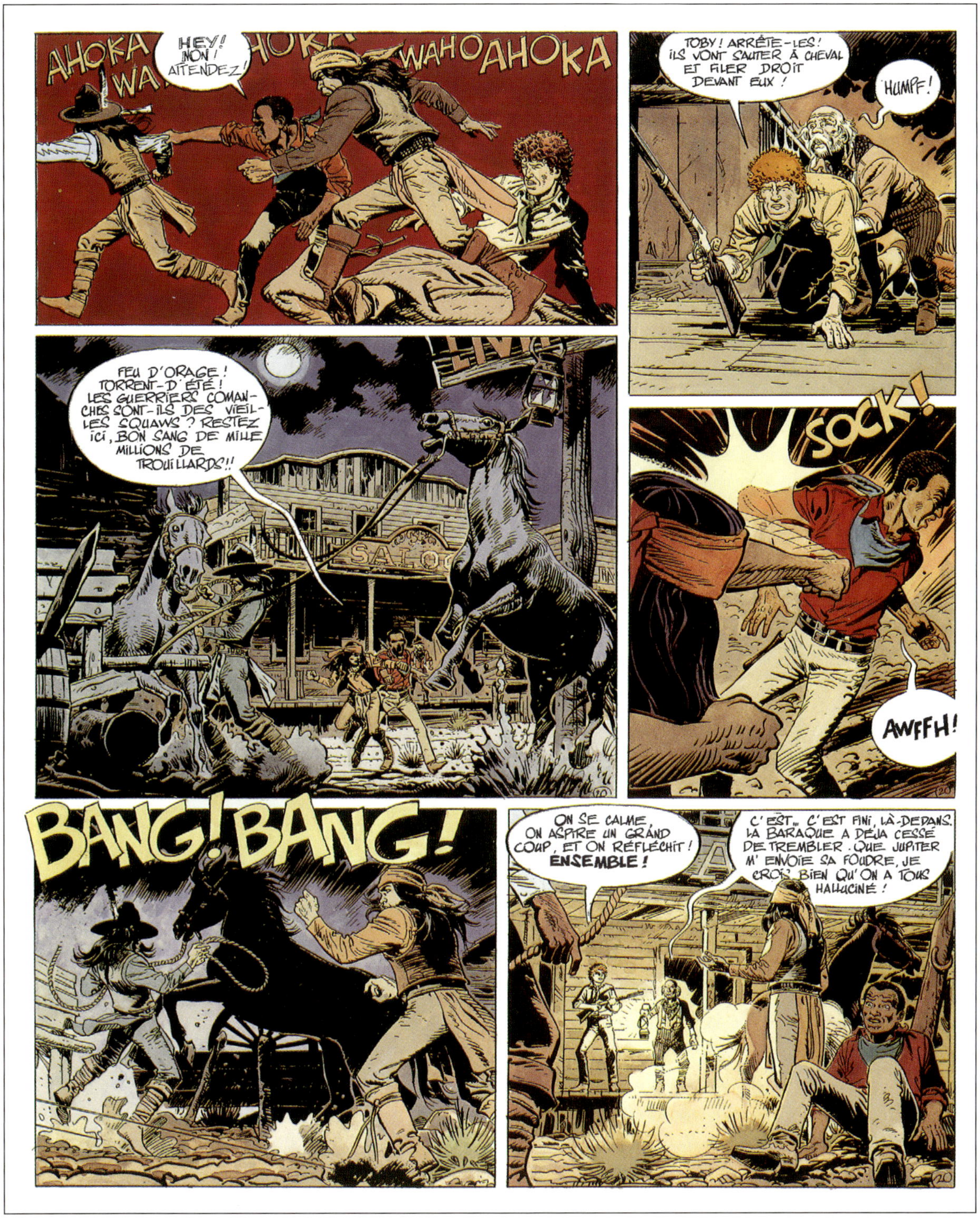

Fiche 7

OBSERVATION RÉFLÉCHIE DE LA LANGUE

1 **Relis cet extrait du tableau préparé par le scénariste Greg.**

2 **Repère dans quel lieu se déroule l'histoire et quels sont les deux personnages qui s'enfuient.**

3 **Le scénariste utilise-t-il les mêmes mots pour désigner ces personnages et ce lieu dans les deux colonnes de son travail ? Pourquoi ?**

Dans la rue, dehors. Clair de lune. Les 2 Indiens étaient effectivement déjà aux chevaux, attachés pour la nuit à un reste de barrière (on voit la carriole dételée, un peu plus loin). Les chevaux sont nerveux, il y en a un qui se cabre. Un des Indiens essaye d'en détacher un, Toby, arrivant en courant, parvient à attraper le 2e Indien par la ceinture.	Toby – Feu-d'Orage ! Torrent-d'Eté ! Les guerriers comanches sont-ils des vieilles squaws ? Restez ici, bon sang de mille millions de trouillards !
Tandis que Toby, à terre, se masse le menton en secouant la tête, Red, très droit malgré sa jambe blessée, dirige un fusil encore fumant vers les Indiens qui, « dégrisés », s'immobilisent, têtes basses, pas fiers. Ten Gallons, sorti lui aussi, arrive en se retournant vers le saloon.	Red – On aspire un grand coup, on se calme et on réfléchit ! ENSEMBLE ! Ten – C'est... C'est fini, là-dedans. La baraque a déjà cessé de trembler. Que Jupiter m'envoie sa foudre, je crois bien qu'on a tous halluciné !

Fiche 8

LIRE

Pour mieux comprendre les documents

- Oscar Wilde, écrivain irlandais (1854-1900), publie, en 1887, une nouvelle intitulée *Le Fantôme de Canterville*.

  L'histoire se passe au XIXe siècle. Lord Canterville, un aristocrate anglais, possède un château habité depuis trois siècles par le fantôme de l'un de ses ancêtres coupable d'un meurtre. Aussi, décide-t-il de vendre ce château. C'est une famille américaine, la famille Otis, qui décide de l'acheter…

- En 2003, Jean-Luc Cornette et Christophe Hanze proposent une adaptation de ce récit sous la forme d'une bande dessinée intitulée *Le Fantôme des Canterville*.

1 **Lis les six premières planches de la BD de Cornette et Hanze.**

LONDRES, 1887...
VOICI L'ACTE DE VENTE DU CHÂTEAU.
VEUILLEZ SIGNER ICI, AU BAS DE LA PAGE, MONSIEUR OTIS.
VOLONTIERS !
ET VOILÀ !
FÉLICITATIONS, MONSIEUR OTIS ! VOUS ÊTES À PRÉSENT L'HEUREUX PROPRIÉTAIRE D'UN AUTHENTIQUE CHÂTEAU ANGLAIS !
C'EST BIEN LA PREMIÈRE FOIS QU'UN MANOIR ANGLAIS APPARTIENDRA À UN AMÉRICAIN... LES TEMPS CHANGENT !
HÉ OUI, MONSIEUR LE NOTAIRE ! HÉ OUI !

LA DIFFÉRENCE ENTRE VOUS LES ANGLAIS, ET NOUS LES AMÉRICAINS, C'EST QUE VOUS PRÉFÉRERIEZ QUE LE MONDE NE BOUGE JAMAIS, ET NOUS, LE MONDE, ON LE TRANSFORME...
CAR RIEN NE NOUS EFFRAIE !
RIEN NE NOUS EFFRAIE !
ALORS LÀ, PERMETTEZ-MOI DE VOUS RAPPELER, MONSIEUR LE MINISTRE AMÉRICAIN...
... QU'AVEC LE CHÂTEAU DE CANTERVILLE VOUS AVEZ AUSSI ACHETÉ SON PRINCIPAL OCCUPANT DEPUIS 1584 : LE TERRIBLE, L'ÉPOUVANTABLE, LE MONSTRUEUX, LE SANGUINAIRE FANTÔME DES CANTERVILLE !
Le Fantôme des Canterville
DÈS LE LENDEMAIN, MONSIEUR OTIS AINSI QUE SON ÉPOUSE LUCRÉTIA ET LEURS QUATRE ENFANTS, WASHINGTON, VIRGINIA, DICK ET DOUG, PARTIRENT S'INSTALLER AU CHÂTEAU...
HA, HA, HA !

UN FANTÔME, VOUS VOUS RENDEZ COMPTE ! IL LEUR MANQUE UNE CASE, À CES PAUVRES ANGLAIS ! ILS DOIVENT FAIRE BOUILLIR LEURS CERVEAUX !
HA ! HA ! HA !
ET LES ARROSER DE SAUCE À LA MENTHE !
NE PENSES-TU PAS QU'IL PLAISANTAIT ?
CET HOMME EST TROP ÂGÉ POUR CROIRE À L'EXISTENCE DES FANTÔMES !
LE CHÂTEAU !
HOOO ! COMME C'EST ROMANTIQUE !
HOOO ! COMME C'EST GLAUQUE !

JANE, FAITES-MOI PENSER À ABATTRE CE VIEIL AMANDIER MORT.
VOILÀ LE FANTÔME !
HÉÉ...
JE SUIS MORT DE TROUILLE !
HOU ! QU'IL EST LAID !
DICK, DOUG ! VEUILLEZ CESSER IMMÉDIATEMENT D'IMPORTUNER MADAME UMNEY QUI À PARTIR DE MAINTENANT SERA NOTRE GOUVERNANTE.
BIENVENUE AU CHÂTEAU DE CANTERVILLE.

MERCI MADAME UMNEY !
LÀ !
JE CRAINS BIEN QU'ON AIT RÉPANDU QUELQUE CHOSE ICI.
OUI... C'EST DU... DU SANG, MONSIEUR.
C'EST HORRIBLE !
C'EST LE SANG DE LADY ELEANORE DE CANTERVILLE, ASSASSINÉE ICI EN 1575 PAR SON MARI, SIR SIMON DE CANTERVILLE. SIR SIMON QUI, LUI-MÊME, DISPARUT DANS D'ÉTRANGES CIRCONSTANCES DIX ANS PLUS TARD.
DEPUIS, SON ÂME HANTE ENCORE LES COULOIRS DU CHÂTEAU.
CETTE TACHE FAIT LA FIERTÉ DE LA FAMILLE CANTERVILLE DEPUIS DES SIÈCLES. ET D'AILLEURS ON NE PEUT L'ENLEVER.
MOI, JE N'AIME PAS BEAUCOUP LES TACHES DE SANG DANS UN SALON, ET COMME MON DÉTACHANT PINKERTON VIENT À BOUT DE TOUT...

Jean-Luc Cornette et Christophe Hanze, *Le Fantôme des Canterville*

2 **Écoute et lis un extrait de la nouvelle d'Oscar Wilde.**

Le Fantôme de Canterville d'Oscar Wilde

Canterville Chase étant situé à dix kilomètres environ d'Ascot, la plus proche station de chemin de fer, M. Otis avait télégraphié pour qu'une voiture vînt les chercher et ils prirent la route de la meilleure humeur. C'était par une très belle journée de juillet et l'air était embaumé de la senteur délicate des bois de pins. De temps en temps, ils entendaient un pigeon ramier roucouler doucement ou entrevoyaient dans les fougères bruissantes le poitrail cuivré d'un faisan. De petits écureuils les regardaient passer, perchés sur les branches des hêtres, et les lapins détalaient dans les taillis et par-dessus les tertres moussus, leurs courtes queues blanches dressées en l'air. Alors qu'ils s'engageaient dans l'allée d'accès de Canterville Chase, le ciel se chargea soudain de nuages ; un calme étrange parut se répandre dans l'atmosphère, un grand vol de corneilles fila au-dessus de leurs têtes et, avant qu'ils eussent atteint la maison, quelques grosses gouttes de pluie se mirent à tomber.

Debout sur les marches pour les recevoir se tenait une vieille femme, vêtue de manière stricte de soie noire avec une coiffe et un tablier blancs. C'était Mme Umney, la gouvernante que Mme Otis avait consenti à maintenir dans sa position antérieure à la demande expresse de lady Canterville. Comme ils descendaient de voiture, elle leur fit à chacun une révérence profonde et, d'une voix affable, déclara à l'ancienne mode :

– Je vous souhaite la bienvenue à Canterville Chase.

À sa suite, ils traversèrent le magnifique hall Tudor et entrèrent dans la bibliothèque, une longue pièce basse lambrissée de chêne sombre à l'extrémité de laquelle s'encadrait une large fenêtre garnie de vitraux... Là, ils trouvèrent le thé préparé à leur intention et, après avoir ôté leur manteau, ils s'assirent et se mirent à regarder tout autour d'eux pendant que Mme Umney les servait.

Soudain, Mme Otis aperçut une tache rougeâtre sur le parquet et, sans la moindre idée de ce qu'elle pouvait signifier, elle dit à Mme Umney :

– Je crains qu'on n'ait renversé quelque chose par terre.

– Oui, madame, répondit la vieille servante à voix basse. Le sang a été répandu à cet endroit.

– Quelle horreur ! s'écria Mme Otis. Une tache de sang dans un salon. C'est inadmissible. Il faut la nettoyer tout de suite.

La vieille femme sourit et répondit de la même voix confidentielle :

– C'est le sang de lady Eleanore de Canterville qui a été assassinée ici même par son mari, sir Simon de Canterville en 1575. Sir

Simon lui a survécu neuf ans et il a disparu dans des circonstances très mystérieuses. Son corps n'a jamais été retrouvé mais son esprit coupable continue à hanter le manoir. La tache de sang a été très admirée par des touristes et plusieurs autres visiteurs, et elle est ineffaçable.

– Tout ça ne tient pas debout ! s'exclama Washington Otis. Le Détachtou et le Superdétersif Pinkerton la feront disparaître en un clin d'œil.

Et, avant que la gouvernante terrifiée ait pu intervenir, il se laissa tomber à genoux et se mit à frotter le sol avec une sorte de bâtonnet qui ressemblait à un fard noir. Quelques instants plus tard, toute trace de la tache de sang s'était effacée.

– Je savais bien que Pinkerton ferait l'affaire, s'exclama-t-il, triomphant, tourné vers les membres de sa famille admiratifs, mais à peine avait-il prononcé ces mots qu'un violent éclair illuminait la pièce tandis qu'un fracas de tonnerre les faisait se dresser tous d'un bond et que Mme Umney s'évanouissait.

– Quel climat impossible ! dit le ministre américain d'un ton calme tout en allumant un long cigare de Manille. J'ai l'impression que ce vieux pays est tellement surpeuplé qu'il est incapable de fournir un temps convenable à tout le monde. D'ailleurs, j'ai toujours pensé que la seule solution pour l'Angleterre, c'était l'émigration.

– Mon cher Hiram, s'écria Mme Otis, qu'allons-nous faire d'une femme qui tombe en pamoison ?

– Opérer une retenue sur ses gages, répondit le ministre. Ensuite, elle n'y tombera plus.

Et, en effet, quelques instants plus tard, Mme Umney revint à elle. Elle n'en était pas moins extrêmement perturbée et elle avertit avec gravité M. Otis qu'il devait se méfier des malheurs éventuels qui pourraient s'abattre sur la maison.

– J'ai vu certaines choses de mes propres yeux, monsieur, dit-elle, des choses qui feraient dresser les cheveux sur la tête de n'importe quel chrétien. Et pendant bien des nuits, je n'ai pas pu dormir à cause des événements terribles qui ont eu lieu ici.

Oscar Wilde, *Le Fantôme de Canterville*

3 **À quelles vignettes de la bande dessinée correspond cet extrait ?**

4 **À quoi servent les autres vignettes ?**

5 **Comment les auteurs de la BD permettent-ils au lecteur de différencier les deux parties ?**

➔ Fiche 9 et fiche Document 1

ÉCRIRE

Comme Greg dans *Comanche*, reconstitue le scénario pour la bande suivante :

Jean-Luc Cornette et Christophe Hanze, *Le Fantôme des Canterville*
© 2003, Guy Delcourt productions, Cornette, Hanze.

LIRE

1 Lis le texte qui suit.

Chou

Mme Michat aime beaucoup son fils.

Comme elle aime aussi beaucoup les choux, elle l'appelle toujours « mon chou ».

Le fils Michat a horreur d'être pris pour un légume. Il répond à chaque fois :

– Je ne m'appelle pas « mon chou », je m'appelle Michat.

– Oui, mon chou, répond Mme Michat.

Un matin, Mme Michat lave des chaussettes dans l'évier pendant que son fils prend son petit déjeuner. Le dos tourné, Mme Michat dit à son fils :

– Mon chou, dépêche-toi, tu vas arriver en retard à l'école.

Le fils Michat ne répond pas. Mme Michat se retourne et pousse un cri : sur la chaise où était assis son fils, il y a... un chou !

– Mon chou, s'écrie Mme Michat. Mais qu'est-ce qui t'arrive ?

Elle prend le chou dans ses bras, le caresse, le cajole, l'embrasse, le console.

– Mon pauvre chou, mon pauvre chou, dit-elle. Qu'est-ce qu'on va faire ? Il faut pourtant que tu ailles à l'école ! C'est le jour de la dictée et des tables de multiplication !

Tout à coup, elle a une idée. Elle enfonce un bonnet sur la tête du chou, le pose dans un panier et l'emmène à l'école. Elle va trouver l'instituteur et lui dit en montrant le panier :

– C'est mon chou. Le pauvre chou, il est devenu tout chou.

L'instituteur la regarde d'un air ahuri et dit :

– Mais oui, mais oui, madame Michat. Vous feriez mieux de rentrer chez vous.

Mme Michat lui donne le panier avec le chou et retourne chez elle.

Devinez qui l'attend, affalé sur le canapé, en train de regarder la télévision ? Le fils Michat, évidemment.

Mme Michat s'est fâchée. Et elle n'a toujours pas pardonné à son fils. Maintenant, elle ne l'appelle plus jamais « mon chou », mais, selon les jours, « patate » ou « cornichon ».

Bernard Friot, « Chou »
dans *Nouvelles Histoires pressée* © Milan, 2000

2 **Quel est le problème du fils Michat ?**

3 **Comment le résout-il ?**

4 **Retrouve les différentes étapes de ce récit.**

→ Fiche 10

DIRE

Par groupe de quatre (trois acteurs et un metteur en scène), choisissez un extrait du texte de Bernard Friot et mettez-le en scène pour le jouer devant la classe.

Pour chaque saynète, demandez-vous :
- **quel est le sentiment du personnage et comment l'acteur peut-il l'exprimer ?**
- **qu'est-ce qui est le plus important à montrer ?**
- **comment traduire les informations du texte qui ne sont pas des dialogues ?**

→ Fiche Document 2

OBSERVATION RÉFLÉCHIE DE LA LANGUE

1 **Les phrases qui suivent font-elles partie de la narration ou du dialogue ?**

2 **Quelle est la forme de leurs verbes ?**

Mon chou, dépêche-toi, tu vas arriver en retard à l'école.

Qu'est-ce qu'on va faire ? Il faut pourtant que tu ailles à l'école !

Le pauvre chou, il est devenu tout chou.

Fiche 11

ÉCRIRE

Écris le scénario de la BD que tu souhaites réaliser à partir du texte de Bernard Friot « Chou ».

Fiche 12

SYNTHÈSE

Avec l'ensemble des élèves de ta classe, récapitule ce que tu as appris dans cette unité.

Fiche Synthèse

ÉCRIRE

- À partir du scénario de BD que tu as rédigé pour « Chou », réalise une bande dessinée.

DIRE

- Présente ta bande dessinée à la classe et accompagne cette présentation d'une mise en scène articulant voix et bruitages.

OBSERVATION RÉFLÉCHIE DE LA LANGUE

- Révise l'orthographe de tes textes à l'aide des outils qui sont à ta disposition : fiche synthèse de l'unité, mémento, dictionnaire, répertoire, affichages de classe...

GÉOGRAPHIE

L'EUROPE ET SA DIVERSITÉ

DIRE

1 Observe ces cinq photographies de capitales européennes. Te rappellent-elles des souvenirs de lecture, de voyage… ?

2 Apparie chaque photographie à l'une des régions d'Europe définie sur la carte. Justifie tes choix.

1

2

3

4

5

Les cinq régions de l'Europe géographique

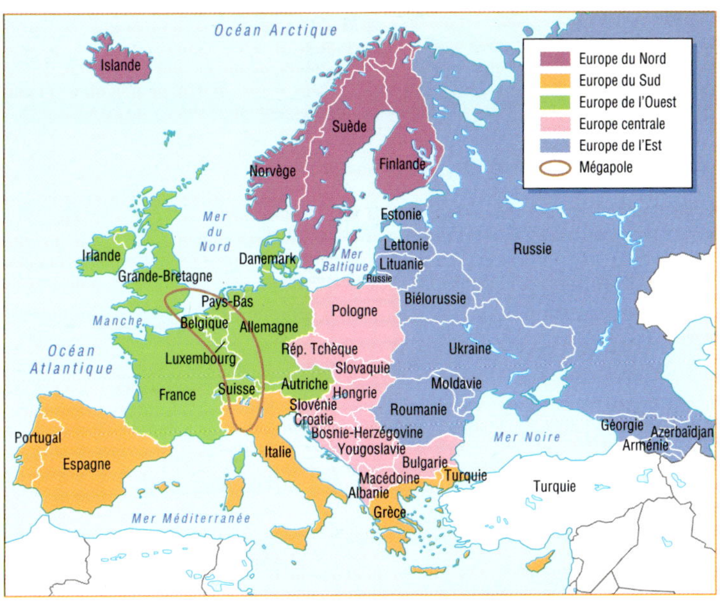

Fiche 1

ÉCRIRE

Note ce qui te semble commun à toutes ces villes et ce qui les distingue.

LIRE

1 **Observe l'ensemble des six documents suivants : ils proviennent du chapitre « Espaces européens » d'un manuel de géographie.**

2 **Relève la nature et le rôle de chaque document.**

A

25 L'Europe du Sud

1 Une ville d'Europe du Sud Venise, Italie

Venise est construite à cheval sur la côte, sur plusieurs îles et sur des terres gagnées sur la mer. C'est l'une des grandes villes touristiques d'Europe du Sud.

- Sur la carte 12, situe Venise. Nomme trois pays d'Europe du Sud.
- Décris ce paysage : la mer, le relief, le climat, la disposition de la ville, les bâtiments, les activités apparentes…
- Cherche un avantage et une difficulté de la vie dans cette ville.

B

Les différences en chiffres 2002

	salaire moyen	part des ménages ayant accès à Internet	nombre de voitures pour 1 000 habitants
Norvège	44 000 euros/an	55 %	410
Allemagne	39 000 euros/an	52 %	520
Suède	31 000 euros/an	63 %	460
France	27 000 euros/an	30 %	490
Espagne	18 000 euros/an	25 %	450
Grèce	16 000 euros/an	16 %	310
Pologne	7 000 euros/an	9 %	270
Lituanie	3 000 euros/an	6 %	310

Commission européenne, *Annuaire Eurostat 2004*

C

L'Europe du soleil

L'Europe du Sud est celle qui borde la mer Méditerranée. Elle se caractérise par un relief de moyennes montagnes (carte 7) et surtout par le climat méditerranéen, aux étés chauds, aux hivers doux, avec de longues périodes de sécheresse en été, et des pluies brutales et violentes en automne et en hiver (doc. 3). Ces conditions naturelles marquent les paysages du pourtour méditerranéen : végétation adaptée à la sécheresse, champs de vignes, d'oliviers et d'agrumes, cultures en terrasses, zones irriguées, villages et villes accrochés à des versants escarpés.

Renouveau et difficultés

Après avoir été, pendant longtemps, la partie la plus pauvre du continent, l'Europe du Sud connaît un véritable renouveau grâce au tourisme (les littoraux méditerranéens sont la première destination touristique du monde) et à l'installation de nombreuses usines (carte 10A).

D

LEXIQUE

- **escarpé** : qui présente une pente raide.

E

L'Europe du soleil

Texte littéraire. La chaleur semblait fendre la terre. Pas un souffle de vent ne faisait frémir les oliviers. La pierre gémissait de chaleur. Il était impossible de croire qu'en ces terres, un jour, il avait pu pleuvoir. La mer était là. Comme une flaque immobile qui ne servait qu'à réfléchir la puissance du soleil.

Extraits de L. Gaudé, *Le Soleil des Scorta*, Actes Sud, 2004

F

7 Europe : le relief

Fiche 2

OBSERVATION RÉFLÉCHIE DE LA LANGUE

1 **Relis le texte E : « L'Europe du soleil », p. 67. À quel temps est-il conjugué ?**

2 **À quel temps sont conjugués les verbes du document C ?**

3 **À ton avis, pour quelle raison ces deux textes sont-ils conjugués à des temps différents ?**

➜ Fiche 3

LIRE / ÉCRIRE

1 **Observe les deux documents suivants, extraits d'un atlas de géographie :**

21 Les climats en Europe

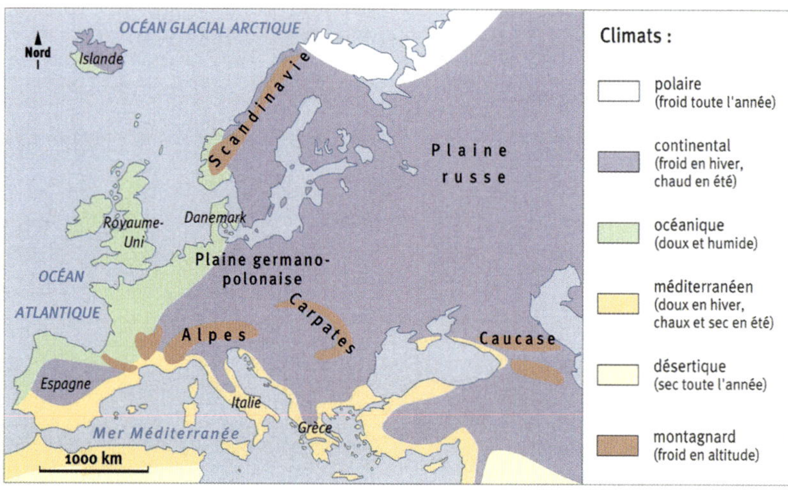

22 La végétation naturelle en Europe

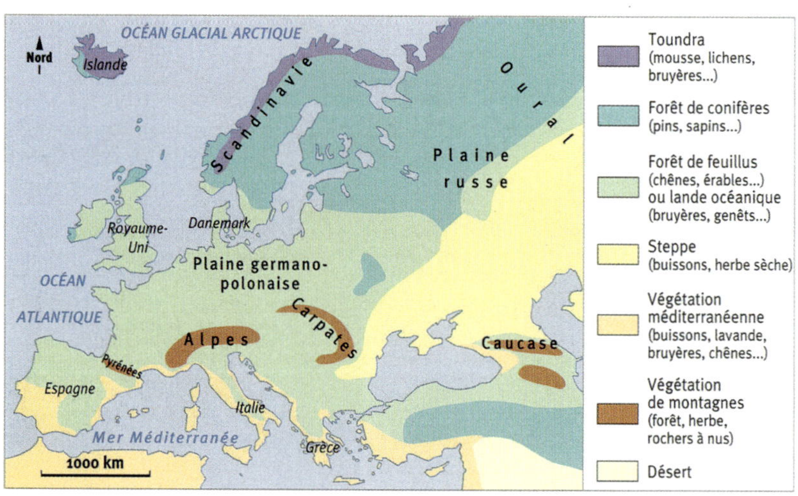

Atlas d'histoire-géographie cycle 3, « Magellan » © Hatier, 2003

2 **Quels sont les différents moyens utilisés dans la carte 21 pour distinguer les climats européens et les caractériser ?**

3 **À ton avis, pourquoi ces deux cartes sont-elles regroupées sur la même page de l'atlas ?**

➔ Fiche 4

OBSERVATION RÉFLÉCHIE DE LA LANGUE

1 **Relis cette phrase reprise du document C :**

L'Europe du Sud se caractérise par un relief de moyennes montagnes et surtout par le climat méditerranéen, aux étés chauds, aux hivers doux, avec de longues périodes de sécheresse en été, et des pluies brutales et violentes en automne et en hiver.

2 **Combien d'informations cette phrase apporte-t-elle ?**

3 **Comment s'enchaînent les groupes de mots qui la composent ?**

➔ Fiche 5

DIRE

1 **Les tableaux de maîtres présentés ci-après figurent dans un manuel de géographie. D'après toi, pourquoi ?**

1 L'ouest de l'Europe

« La Tamise en aval de Westminster », 1871
Claude Monet

2 Le sud de l'Europe

« Paysage à l'Estaque », 1907
Georges Braque

3 Le nord de l'Europe

« Scène d'hiver en Hollande »
Jan Brueghel

2 **Choisis un tableau et décris-le en essayant de justifier la légende qui l'accompagne.**

Fiche 6

LIRE

Le document suivant est une double page qui figure dans un manuel de géographie. Parcours-le et demande-toi de quels éléments il est composé.

ESPACES EUROPÉENS

Des grands ensembles en Europe

Les grands foyers de peuplement

Quels sont les espaces les plus peuplés ?

Un espace inégalement peuplé

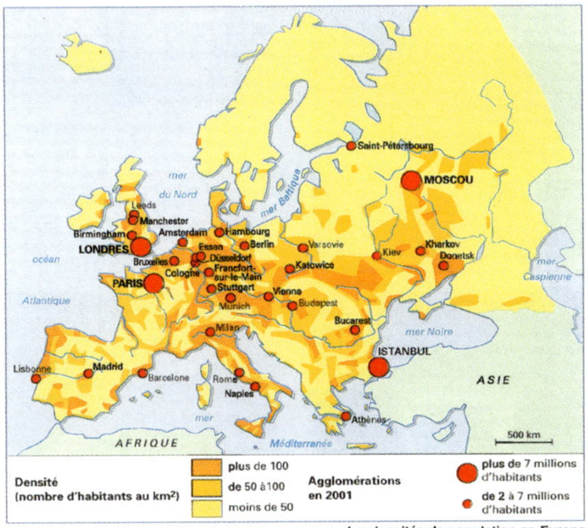

les densités de population en Europe

Les densités* de population (c'est-à-dire le nombre d'habitants au km²) sont fortes en Europe, mais la population européenne est très inégalement répartie. De très forts contrastes de densité de population existent (Pays-Bas, 440 habitants au km², contre 104 hab./km² en France et 13 hab./km² en Norvège).

Le cœur de l'Europe (diagonale qui s'étend de l'Angleterre au nord de l'Italie en passant par la vallée du Rhin) est très urbanisé*. Les littoraux ont de fortes densités tandis que les faibles densités se trouvent dans le nord de l'Europe et dans les montagnes.

Une croissance lente

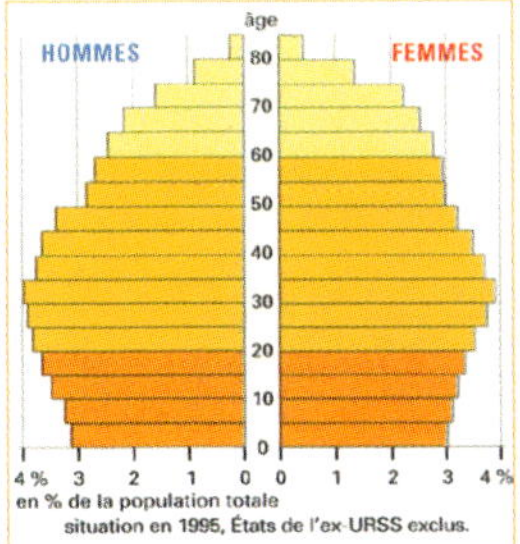

la pyramide des âges

La population européenne n'augmente pratiquement plus, contrairement à celle de l'Afrique ou de l'Asie. L'Europe est le continent qui a la plus faible proportion de moins de 15 ans et la plus forte proportion de personnes âgées : 15 % de la population a plus de 65 ans.

un groupe de touristes du 3e âge

arrivée d'Albanais sur les côtes italiennes

En raison de sa richesse et de son niveau* de vie élevé, L'Europe est un continent attractif : l'immigration y a toujours été importante. Depuis 1970, elle a été freinée à cause de la crise* économique. Depuis 1990, il existe une migration* de l'Europe centrale et orientale vers l'Europe de l'Ouest.

L'Europe est un continent très peuplé, mais la population est répartie de manière très inégale. De plus la population n'augmente pratiquement plus et vieillit. Beaucoup d'émigrés viennent vivre et travailler en Europe.

Les savoirs de l'école Géographie

➜ Fiche 7

OBSERVATION RÉFLÉCHIE DE LA LANGUE

1 Relis le paragraphe ci-dessous :

Les densités de population (c'est-à-dire le nombre d'habitants au km²) sont fortes en Europe, mais la population européenne est très inégalement répartie. De très forts contrastes de densité de population existent (Pays Bas, 440 habitants au km², contre 104 hab./km² en France et 13 hab./km² en Norvège).
Le cœur de L'Europe (diagonale qui s'étend de l'Angleterre au nord de l'Italie en passant par la vallée du Rhin) est très urbanisé. Les littoraux ont de fortes densités tandis que les faibles densités se trouvent dans le nord de l'Europe et dans les montagnes.

2 Quel est le thème général de ce texte ?

3 Quelles informations précisent ce thème ?

➜ Fiche 8

OBSERVATION RÉFLÉCHIE DE LA LANGUE

1 Lis les phrases suivantes :

Densité (nombre d'habitants au km^2).

Les densités de population (c'est-à-dire le nombre d'habitants au km^2) sont fortes en Europe.

L'Europe du Sud est celle qui borde la mer Méditerranée.
Elle se caractérise par un relief de moyennes montagnes (carte 7).

2 Quel est le sens des parenthèses dans les phrases que tu viens de lire ?

➜ Fiche 9

LIRE / ÉCRIRE

20 Un continent inégalement peuplé

1 Un continent peuplé

- Quelle est la superficie de l'Europe ?
- Combien d'habitants vivent en Europe ?
- Compare sa population à celle des autres continents.
- Compareles densités de population dans chaque continent.
- L'Europe est-elle densément peuplée ?

Continent	Superficie	Population	Densité de population
Europe	10 millions de km^2	727 millions	73 hab/km^2
Amérique	39 millions de km^2	841 millions	22 hab/km^2
Asie	44 millions de km^2	3 720 millions	85 hab/km^2
Afrique	30 millions de km^2	818 millions	27 hab/km^2
Océanie	9 millions de km^2	31 millions	3 hab/km^2

2 Un peuplement inégal

- Sur la carte 9, situe l'Islande et Malte : dans quelle mer ou quel océan ces îles se trouvent-elles ?
- Combien y a-t-il d'habitants en Islande ? et à Malte ?
- Calcule la densité de population de l'Islande et celle de Malte.
- Laquelle de ces deux îles est la plus grande ?
- Laquelle a la population la plus nombreuse ?
- Laquelle a la plus forte densité de population ?

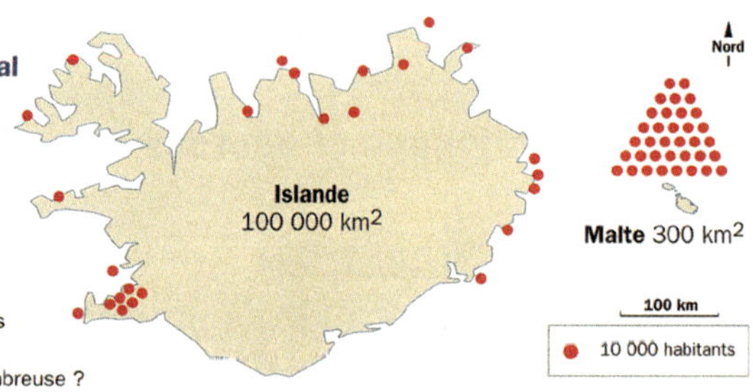

État	Superficie	Population
Russie	17 075 000	148 000 000
Ukraine	604 000	52 000 000
France	547 000	60 000 000
Suède	450 000	9 000 000
Monaco	2	32 000
Vatican	moins de 1	1 000

- Sur la carte 8, situe les États présentés dans ce tableau. Se trouvent-ils tous en Europe ?
- Lequel de ces États est le plus grand ? le plus petit ?
- Lequel a la population la plus nombreuse ? la moins nombreuse ?
- Calcule la densité de population de ces 7 États. Lequel a la plus forte densité de population ? la plus faible densité de population ?
- Imagine le paysage à Monaco.

Un continent très peuplé

L'Europe est un continent très peuplé (727 millions d'habitants), avec une forte densité de population (73 hab/km^2 en moyenne) (doc. 1). En effet, depuis la préhistoire, elle est une terre d'immigration et, au cours des deux derniers siècles, elle a connu une forte croissance démographique.
La population européenne est répartie de façon inégale sur le continent : certaines régions ont une très forte densité de population, d'autres sont presque vides d'hommes (doc. 2). La région la plus peuplée forme un arc qui s'étend de la Grande-Bretagne au nord de l'Italie (carte 9).

Les causes de l'inégal peuplement

L'inégal peuplement de l'Europe s'explique essentiellement par des causes économiques : la richesse d'une région permet la croissance de sa population

66

3 Un continent inégalement peuplé Image satellite de l'Europe

▷ Décris cette image : les zones en bleu, en noir, les zones « éclairées », les pays dont tu reconnais la forme.
▷ Quelles causes expliquent les différences de peuplement en Europe ?

(bonnes conditions de vie) et attire des migrants d'autres régions. C'est le cas de l'ouest de l'Europe, région la plus peuplée d'Europe mais aussi la plus riche du monde depuis le XVe siècle, grâce à son ouverture sur la mer, donc à ses relations commerciales avec le reste de la planète (doc. 3).
Les causes naturelles expliquent le faible peuplement de certaines régions : climat froid dans le nord de l'Europe et dans les hautes montagnes, climat sec dans certaines zones au sud de l'Europe.

LEXIQUE

- **la croissance démographique** : l'augmentation de la population, du fait de l'immigration, d'une augmentation du nombre de naissances ou d'une diminution du nombre de décès.
- **l'immigration** : l'arrivée dans un pays de populations venues s'y installer.

Espaces européens : une diversité de paysages 67

Géographie cycle 3, « Magellan » © Hatier, 2005

1 **Quel est le thème abordé dans cette double page de manuel de géographie ?**

2 **Compare cette double page à celle reproduite page 71.**

➜ Fiche 10

ÉCRIRE

En te référant aux documents que tu as utilisés jusqu'ici, rédige une courte synthèse pour présenter la population d'un pays européen de ton choix en indiquant :

– le niveau de peuplement,
– les causes de la forte ou faible densité dans ce pays.
(Comme dans les synthèses des manuels, pense à évoquer les conditions climatiques, le relief…)

SYNTHÈSE

Récapitule avec l'ensemble des élèves de ta classe ce que tu as appris dans cette unité.

Fiche Synthèse

ÉCRIRE

En t'aidant des documents reproduits pages 75 et 76, et de ceux que tu as utilisés ou analysés en géographie, complète ton texte en ajoutant des informations culturelles, économiques ou géographiques.

DIRE

Présente à la classe la synthèse que tu as réalisée, en justifiant les différents documents que tu as sélectionnés ainsi que leur organisation.

OBSERVATION RÉFLÉCHIE DE LA LANGUE

Vérifie l'orthographe de ton texte en utilisant les outils qui sont à ta disposition : fiche synthèse de l'unité, mémento, dictionnaire, répertoire, affichages de classe...

Voici quelques documents qui peuvent t'aider à rédiger ta synthèse.

10 Europe : les différences de richesses...

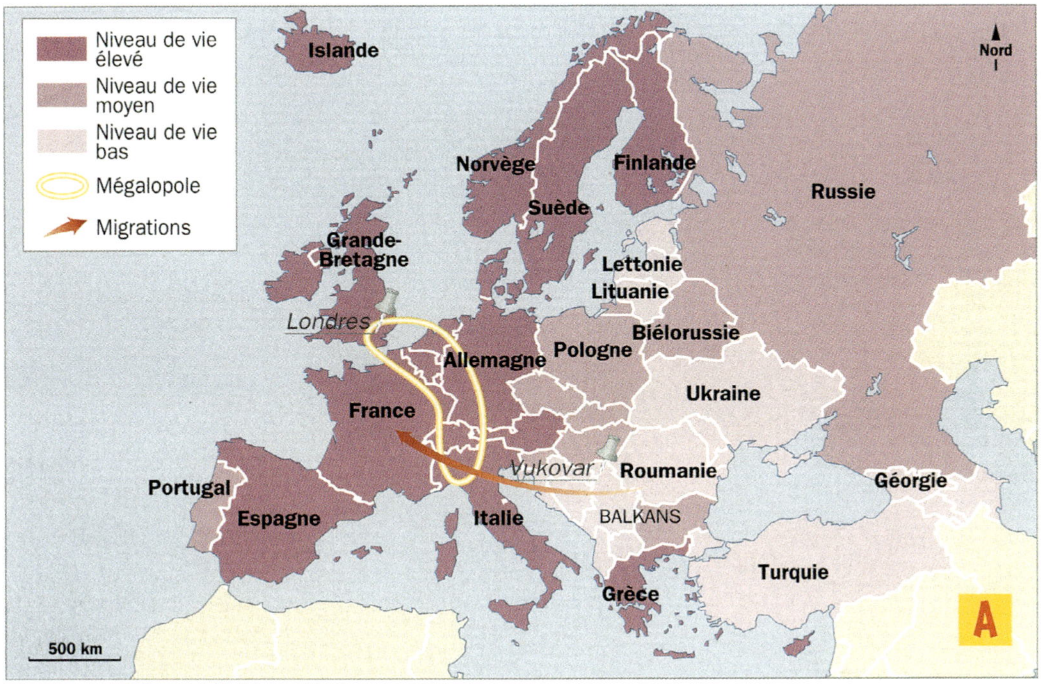

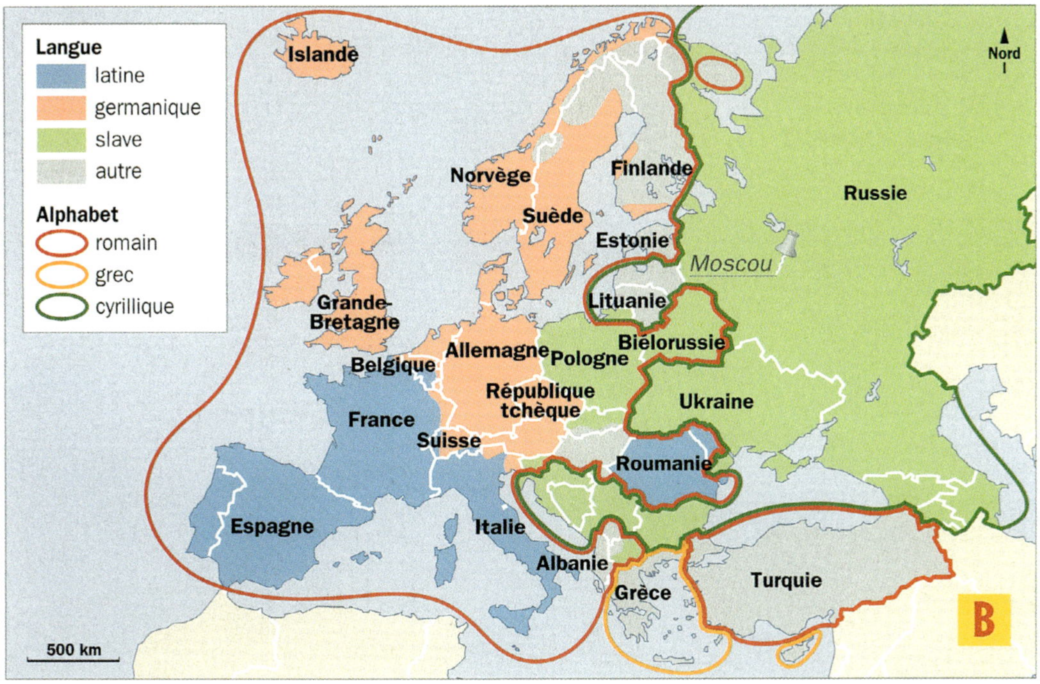

Atlas de géographie cycle 3, « Magellan » © Hatier, 2005

Europe : les différences de cultures

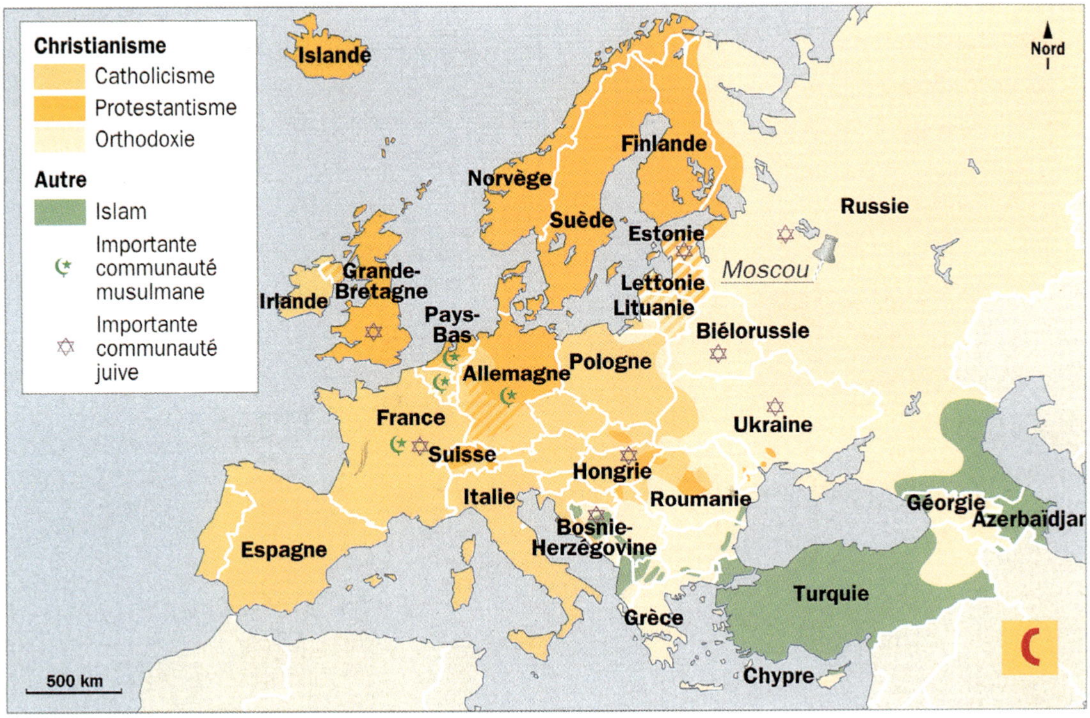

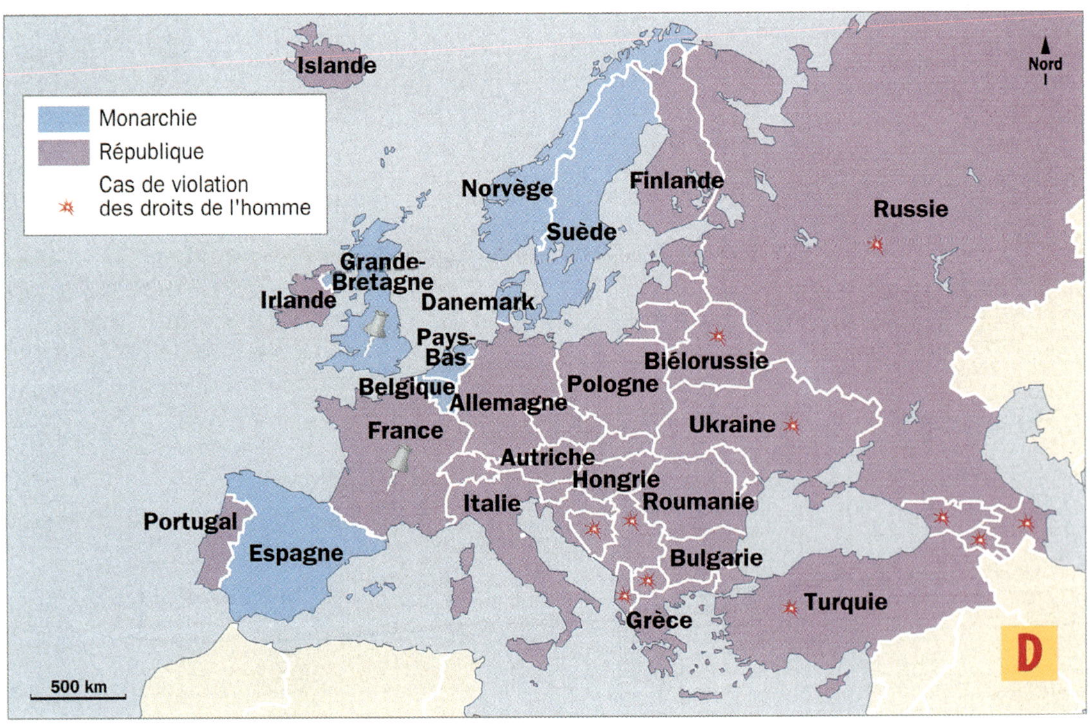

Atlas de géographie cycle 3, « Magellan » © Hatier, 2005

LITTÉRATURE

THÉÂTRE : LE VILAIN MIRE

DIRE

Pour mieux écouter la pièce

- Tu vas entendre des comédiens jouer le début d'une pièce de théâtre. Cette pièce s'appelle *Le Vilain mire*. L'histoire se passe au Moyen Âge.
- Voici les personnages qui interviennent dans la partie que tu vas entendre : le récitant, des voisins, un vilain, une femme et deux envoyés du roi.
- Sais-tu ce qu'est « un vilain » au Moyen Âge ? Et « un mire » ? Cherche dans un dictionnaire.

1 Écoute le début de la pièce de théâtre.

2 Imagine un titre pour l'extrait que tu viens d'entendre.

3 Dirais-tu que cette pièce de théâtre est plutôt comique, tragique, émouvante... ?

4 Quel personnage aimerais-tu jouer ? Pourquoi ?

LIRE

Pour mieux comprendre le texte

- L'histoire du *Vilain mire* a été écrite au Moyen Âge. C'est un court récit que l'on appelle un fabliau.
- En 1989, deux auteurs, Christian Poslianec et Robert Boudet, l'ont récrite : l'histoire a été traduite du français ancien en français moderne, et présentée sous la forme d'une pièce de théâtre.

1 Lis maintenant l'extrait que tu as entendu.

Le vilain mire
(Le paysan médecin)

Prologue
(Chez le vilain)

LE RÉCITANT : Autrefois, vivait un paysan très riche mais très avare. Il possédait une charrue tirée par un cheval et une jument et il labourait sans arrêt. Pain, viande et vin ne lui manquaient jamais mais il n'avait pas de femme. Ce dont le blâmaient fort ses amis et voisins.

UN VOISIN : Il n'est point bon pour un homme de n'avoir pas de compagne à demeure.

UN VOISIN : Eh oui-da ! J'en rencontrerais une bonne, je la prendrais bien volontiers !

UN VOISIN : Justement ! Il y a un chevalier demeuré veuf qui a une fille charmante ; une damoiselle aux belles manières.

(Entre la demoiselle qui se promène avec grâce)

LE VILAIN : *(admiratif)* Une demoiselle aux belles manières !

UN VOISIN : Elle est en âge de se marier si l'occasion se présentait.

LE VILAIN : *(approuvant)* Certes ! Elle est en âge de se marier.

UN VOISIN : Mais notre chevalier manque de biens.

LE VILAIN : *(sombre)* Ah ! Il est donc pauvre !

UN VOISIN : Oui, mais il a bien gente damoiselle.

LE VILAIN : Par dieu oui !

UN VOISIN : Nous irons donc demander au chevalier sa fille en mariage et la jeune fille qui est fort sage, n'osera contredire son père.

LE VILAIN : Dites-lui que j'ai or et argent et force* blé et vêtements.

UN VOISIN : Nous n'y manquerons pas !

* **force** : beaucoup de.

1er tableau

(On entend sonner les cloches des épousailles. Le Récitant intervient pendant que passent les époux bras dessous)

Le Récitant : La pauvre fille n'a pas grand-joie d'avoir épousé sans contredire le vilain aux cent écus. Mais en fille obéissante, elle n'a pas voulu fâcher son chevalier de père. Or le vilain semble lui aussi voué aux tracas. Écoutons-le.

Le Vilain : *(seul)* Je m'aperçois que j'ai commis une sottise. Est-ce qu'il convient à un vilain d'avoir fille de chevalier. Quand je m'en irai à la charrue, viendra rôder un damoiseau* et elle sortira de la maison. Non ! Jamais une fille de chevalier n'aimera un vilain. Hélas que puis-je faire pour l'empêcher de mal faire ? *(Il réfléchit un moment)* Par Dieu ! Si je la battais dès le matin, en me levant, elle pleurerait toute la journée et pendant ce temps-là personne ne viendrait lui faire la cour. Oui mais j'y penserai pendant le travail et cela me gâtera le labour. Or bien, je la battrai donc pendant les repas.

(Il la bat donc et si fort qu'elle en a le visage marqué. Puis il part aussitôt aux champs)

La Femme : *(pleurant)* Hélas ! Que puis-je faire ? Quelle décision prendre ? Je ne sais plus que dire et mon père m'a trahie en me donnant à ce paysan. Dois-je me laisser mourir de faim ? Sait-il ce paysan mauvais ce que sont les coups ? S'il le savait, c'est certain, il ne m'en donnerait pas tant.

(Tandis qu'elle se lamente ainsi, voici qu'arrivent deux envoyés du roi, chacun sur un blanc palefroi. Ils se dirigent vers la dame. Au nom du roi, ils la saluent)*

Le 1er envoyé du Roi : Holà, gente dame, pourriez-vous nous donner à manger ? Nous sommes fourbus et nos pas nous mènent loin, bien loin encore.

La Femme : Volontiers, messire ! Mais dites-moi, d'où êtes-vous ? Où allez-vous ?

2e envoyé : Par ma foi, nous sommes messagers du Roi et il nous envoie quérir un médecin. Aussi devons-nous aller jusqu'en Angleterre.

1er envoyé : Ce qui est un bien long chemin, aussi sommes-nous fourbus et rendus.

* **un damoiseau :** un jeune galant.

* **un palefroi :** un cheval de parade.

LA FEMME : Mais pourquoi allez-vous si loin chercher ce médecin ?

2E ENVOYÉ : Hélas, gente dame, ne savez-vous pas que Mademoiselle Ade, la fille du Roi est bien malade ?

1ER ENVOYÉ : Elle a passé huit jours entiers sans boire et sans manger.

2E ENVOYÉ : Sans boire et sans manger, hélas ! *(Il se tient l'estomac)*

1ER ENVOYÉ : Et nous-mêmes, pour ne point nous nommer, savez-vous que nous n'avons point mangé depuis…

LA FEMME : Mais quelle maladie l'a donc ainsi troublée, cette douce damoiselle ?

2E ENVOYÉ : C'est qu'elle a une arête de poisson qui s'est coincée dans son gosier !

1ER ENVOYÉ : *(gourmand)* De poisson... oui, de poisson !

2E ENVOYÉ : Et le Roi est si affligé que, s'il perd sa fille, il ne s'en remettra pas !

LA FEMME : Vous n'avez pas besoin d'aller si loin !

Les envoyés : *(ensemble)* Pas si loin ?

LA FEMME : Mon mari est, je vous l'affirme, un fort excellent médecin.

1ER ENVOYÉ : Il n'est pas bien de se moquer de nous.

2E ENVOYÉ : Pas bien du tout.

La Femme : Mon mari connaît plus de remèdes et sait mieux consulter les urines que jamais ne le sut Hippocrate*.

LES ENVOYÉS : Quelle est cette plaisanterie ?

LA FEMME : Je n'ai nulle envie de plaisanter *(elle se frotte le visage encore endolori)*.

Seulement voilà : mon mari est ainsi fait qu'il ne consent à soigner personne, sauf si on le bat bien, avant !

(Les envoyés s'entre-regardent et éclatent de rire)

1ER ENVOYÉ : Pour le battre, point de problème, aucun de nous ne rechignera, gente dame.

2E ENVOYÉ : Et s'il nous évite ce long voyage en cette lointaine Angleterre... non, nul ne rechignera *(il se frotte les poings)*. Mais où peut-on le trouver ?

LA FEMME : Justement, le voilà qui s'en revient des champs.

(La femme se cache dans un coin. Le paysan arrive, la houe sur l'épaule. Il a l'air content. Il s'arrête net en voyant les envoyés du Roi et les regarde avec méfiance)

1ER ENVOYÉ : Salut au nom du Roi !

2E ENVOYÉ : Au nom du Roi, salut !

(Ils se saluent)

1ER ENVOYÉ : Suivez-nous sans hésiter car vous devez parler au Roi.

LE VILAIN : Parler au Roi mais pour quoi faire ?

2E ENVOYÉ : Pour toutes les connaissances que vous avez, car nous

* Hippocrate : le plus grand médecin de l'Antiquité.

n'ignorons pas que vous êtes un médecin réputé.

1er ENVOYÉ : Et qui sait plus de remèdes qu'Hypocrite !

2e ENVOYÉ : Hippocrate !

LE VILAIN : *(ému)* Mais je n'y connais goutte en médecine ni en apothicaire* !

1er ENVOYÉ : *(s'adressant à son compagnon)* Qu'attendons-nous ?

2e ENVOYÉ : C'est vrai qu'il doit être battu avant de faire quoi que ce soit.

(Ils le battent donc fortement)

LE VILAIN : Aye ! Ouille !... Pitié messires... Je veux bien être ce que vous dites ! Et je vous suis !

(Ils sortent. La femme sort de sa cachette en riant tout son aise)

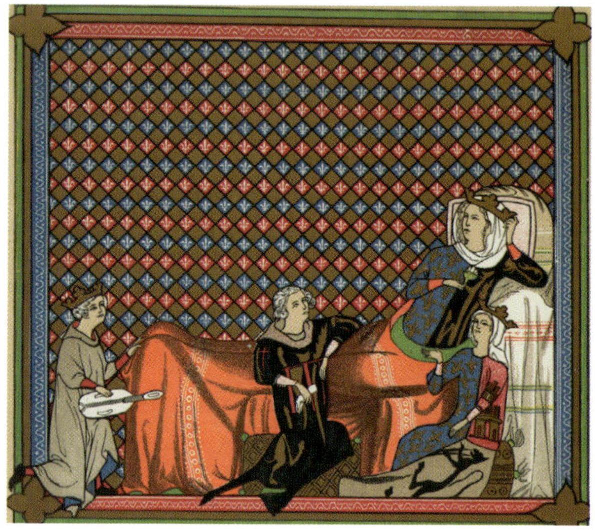

* un apothicaire : un pharmacien.

dans *Fabliaux du Moyen Âge adaptés pour le théâtre*
Traduits par Ch. Poslaniec et adaptés pour le théâtre par R. Boudet

2 **Fais la liste des personnages de cet extrait. Ont-ils tous un rôle dans l'histoire ?**

3 **Chaque personnage a un ou plusieurs problèmes : lequel ou lesquels ?**

4 **Lorsque la femme se lamente sur son sort, à qui s'adresse-t-elle ?**

➜ Fiche 1

LIRE / ÉCRIRE

1 **Par groupe de trois : choisissez un personnage (le vilain, la femme ou l'envoyé du roi) et écrivez un monologue dans lequel il raconte son histoire.**

2 **Avec l'ensemble des élèves de la classe, confrontez les différents monologues et comparez les points de vue.**

➜ Fiche 2

DIRE

Maintenant que tu connais bien le monologue de ton personnage, joue-le devant ton public.

OBSERVATION RÉFLÉCHIE DE LA LANGUE

1 **Lis le début de l'histoire du vilain mire en ancien français :**

Jadis estoit uns vilains riches,
Qui mout estoit avers et chiches ;
Une charrue adès avoit
Tos tens par lui la maintenoit
D'une jument et d'un roncin ;
Assez ot char et pain et vin
Et quanques mestier il estoit,
Mès por fame que pas n'avoit
Le blasmoient mout si ami
Et toute la gent autressi

2 **Compare le texte en ancien français et la première réplique de la pièce (p. 79) : reconnais-tu quelques mots ?**

3 **Relève dans le premier tableau du fabliau (p. 80 à 82) des expressions ou des mots qui te semblent anciens.**

➜ Fiche 3

LIRE

Pour mieux écouter la pièce

- Tu vas entendre des comédiens jouer une scène d'une pièce écrite par Molière.
- Connais-tu cet auteur ? Recherche à quelle époque il a vécu.
- Dans cette scène, le personnage principal, Sganarelle, est bûcheron.

1 **Écoute la scène.**

2 **Lis maintenant le texte que tu viens d'écouter.**

Le médecin malgré lui

Scène 5

Sganarelle, Valère, Lucas

VALÈRE

Monsieur, il ne faut pas trouver étrange que nous venions à vous : les habiles gens sont toujours recherchés, et nous sommes instruits de votre capacité*.

* la capacité : le savoir, les connaissances.

SGANARELLE

Il est vrai, Messieurs, que je suis le premier homme du monde pour faire des fagots.

VALÈRE

Ah ! Monsieur...

SGANARELLE

Je n'y épargne aucune chose, et les fais d'une façon qu'il n'y a rien à dire.

VALÈRE

Monsieur, ce n'est pas cela dont il est question.

SGANARELLE

Mais aussi je les vends cent dix sols* le cent.

* un sol : unité monétaire de l'époque.

VALÈRE

Ne parlons point de cela, s'il vous plaît.

SGANARELLE

Je vous promets que je ne saurais les donner à moins.

VALÈRE

Monsieur, nous savons les choses.

SGANARELLE

Si vous savez les choses, vous savez que je les vends cela.

[...]

VALÈRE

Parlons d'autre façon, de grâce.

SGANARELLE

Vous en pourrez trouver autre part à moins : il y a fagots et fagots ; mais pour ceux que je fais...

VALÈRE

Eh ! Monsieur, laissons là ce discours.

[...]

SGANARELLE

Non, en conscience, vous en payerez cela. Je vous parle sincèrement, et ne suis pas homme à surfaire*.

* surfaire : demander un prix exagéré.

VALÈRE

Faut-il, Monsieur, qu'une personne comme vous s'amuse à ces grossières feintes ? s'abaisse à parler de la sorte ? qu'un homme si savant, un fameux médecin, comme vous êtes, veuille se déguiser aux yeux du monde, et tenir enterrés les beaux talents qu'il a ?

SGANARELLE, *à part.*

Il est fou.

VALÈRE

De grâce, Monsieur, ne dissimulez point avec nous.

SGANARELLE

Comment ?

LUCAS

Tout ce tripotage ne sart de rian ; je savons cen que je savons.

SGANARELLE

Quoi donc ? Que me voulez-vous dire ? Pour qui me prenez-vous ?

VALÈRE

Pour ce que vous êtes, pour un grand médecin.

SGANARELLE

Médecin vous-même : je ne le suis point, et ne l'ai jamais été.

VALÈRE, *(bas).*

Voilà sa folie qui le tient. *(Haut.)* Monsieur, ne veuillez point nier les choses davantage; et n'en venons point, s'il vous plaît, à de fâcheuses extrémités.

SGANARELLE

À quoi donc ?

VALÈRE

À de certaines choses dont nous serions marris*.

* être marri : être désolé.

SGANARELLE

Parbleu ! venez-en à tout ce qu'il vous plaira ; je ne suis point médecin, et ne sais ce que vous me voulez dire.

VALÈRE, *(bas).*

Je vois bien qu'il faut se servir du remède. *(Haut.)* Monsieur, encore un coup, je vous prie d'avouer ce que vous êtes.

LUCAS

Et testigué ! ne lantiponez point davantage, et confessez à la franquette que v'êtes médecin.

SGANARELLE, *à part.*

J'enrage.

VALÈRE

À quoi bon nier ce qu'on sait ?

LUCAS

Pourquoi toutes ces fraimes*-là ? à quoi est-ce que ça vous sart ?

* des fraimes : des manières mensongères.

SGANARELLE

Messieurs, en un mot autant qu'en deux mille, je vous dis que je ne suis point médecin.

VALÈRE

Vous n'êtes point médecin ?

SGANARELLE

Non.

LUCAS

V' n'êtes pas médecin ?

SGANARELLE

Non, vous dis-je.

VALÈRE

Puisque vous le voulez, il faut s'y résoudre.

(Ils prennent un bâton, et le frappent.)

SGANARELLE

Ah ! ah ! ah ! Messieurs, je suis tout ce qu'il vous plaira.

VALÈRE

Pourquoi, Monsieur, nous obligez-vous à cette violence ?

LUCAS

À quoi bon nous bailler la peine de vous battre ?

VALÈRE

Je vous assure que j'en ai tous les regrets du monde.

LUCAS

Par ma figué ! j'en sis fâché, franchement.

SGANARELLE

Que diable est-ce ci, Messieurs ? De grâce, est-ce pour rire, ou si tous deux vous extravaguez*, de vouloir que je sois médecin ?

VALÈRE

Quoi ? vous ne vous rendez pas encore, et vous vous défendez d'être médecin ?

SGANARELLE

Diable emporte si je le suis !

LUCAS

Il n'est pas vrai qu'ous sayez médecin ?

SGANARELLE

Non, la peste m'étouffe ! *(Là, ils recommencent de le battre.)* Ah ! ah ! Eh bien, Messieurs, oui, puisque vous le voulez, je suis médecin, je suis médecin ; apothicaire encore, si vous le trouvez bon. J'aime mieux consentir à tout que de me faire assommer.

Molière, *Le Médecin malgré lui*

Acte I, scène 5 (extrait), 1667

*** extravaguer :** délirer.

3 **Quel est le problème de Sganarelle ?**

4 **Rappelle-toi du *Vilain mire* : en quoi les deux textes sont-ils semblables ? Différents ?**

➜ Fiche 4

ÉCRIRE

Inspire-toi des deux textes que tu viens de découvrir pour écrire une scène qui se passe à notre époque et qui met en scène deux personnages à la recherche d'un spécialiste. Comme dans les deux textes que tu as lus, ils se trompent sur l'identité de la personne à laquelle ils s'adressent, ce qui produit un dialogue comique.

OBSERVATION RÉFLÉCHIE DE LA LANGUE

1 **Dans l'extrait ci-dessous observe le jeu des répliques.**

2 **Dans quel but Valère pose-t-il toutes ces questions ?**

3 **Quelle réaction veut-il provoquer chez Sganarelle ?**

SGANARELLE

[…] Je vous parle sincèrement, et ne suis pas homme à surfaire.

VALÈRE

Faut-il, Monsieur, qu'une personne comme vous s'amuse à ces grossières feintes ? s'abaisse à parler de la sorte ? qu'un homme si savant, un fameux médecin, comme vous êtes, veuille se déguiser aux yeux du monde, et tenir enterrés les beaux talents qu'il a ?

SGANARELLE, *à part.*

Il est fou.

VALÈRE

De grâce, Monsieur, ne dissimulez point avec nous.

SGANARELLE

Comment ?

LUCAS

Tout ce tripotage ne sart de rian ; je savons cen que je savons.

SGANARELLE

Quoi donc ? Que me voulez-vous dire ? Pour qui me prenez-vous ?

VALÈRE

Pour ce que vous êtes, pour un grand médecin.

➔ Fiche 5

DIRE

1 **Avec un camarade, choisis quelques répliques, soit du premier tableau du *Vilain mire*, soit de l'extrait de la pièce de Molière, ou bien de l'une des scènes précédemment écrites et prépare une mise en voix.**

2 **Joue ces répliques devant ton public.**

1 Écoute les comédiens jouer le deuxième tableau du *Vilain mire*, puis, lis-le.

Le vilain mire

2e tableau

(Chez le Roi. Entrée du Vilain et des Envoyés)

LE ROI : Alors, avez-vous trouvé ?

LES ENVOYÉS : *(l'un après l'autre)* Oui, sire ! Mais nous devons vous expliquer pourquoi ce médecin porte, comme vous le voyez, des marques de bastonnade.

(Ils se penchent vers le Roi et lui murmurent les explications que nous connaissons. Le paysan tremble fort dans son coin)

LE ROI : *(haut)* Quel méchant médecin ! A-t-on ouï-dire chose pareille ! Eh bien ! qu'il soit donc battu sans ménagement puisqu'il en est ainsi !

UN SERGENT : J'y suis tout prêt, Sire. *(Il caresse un lourd bâton noueux avec ostentation*)* Dès qu'on me le commandera, je lui réglerai son compte !

LE ROI : *(au vilain qui s'approche en tremblant)* Maître, écoutez-moi ! Je vais faire venir ma fille qui a grand hâte de guérir.

LE VILAIN : Sire, au nom de Dieu qui jamais ne mentit, croyez-moi si je vous dis qu'en médecine je n'y connais rien, que jamais je n'en sus une bribe.

LE ROI : J'entends fort bien ! Or ça, battez-le moi.

* avec ostentation : avec une insistance excessive.

(Les envoyés et le sergent le rouent de coups)

Le Vilain : Aye ! Aye ! De grâce, cessez ce supplice !… Faites venir mademoiselle votre fille, je la guérirai sans délai.

(La fille du Roi entre, bouche grande ouverte. Le vilain fait semblant de l'examiner, regarde la bouche ouverte et l'explore)

Le Vilain : Mais c'est une arête...

1er Envoyé : ... de poisson !

2e Envoyé : Oui, une arête de poisson. Elle n'a pas mangé depuis huit jours !

1er Envoyé : Ah ! manger, hélas ! *(il sort précipitamment)*

Le Vilain : *(à part)* Si je veux vraiment la sauver il faut que l'arête sorte de ce gosier ! Et si je la faisais rire, les convulsions du rire projetteraient sans nul doute cette arête coincée, hors de cette bouche ouverte !

(La demoiselle pousse pendant ce temps-là maints gémissements, la bouche toujours ouverte. Le vilain fait alors tant de grimaces et de contorsions que la dame éclate de rire et que l'arête saute hors du gosier)

Le Vilain : Sire, votre fille est guérie, voici l'arête, Dieu merci.

(La fille continuant à rire, sort en grande joie)

Le Roi : J'en suis fort réjoui. Sachez que je vous estime plus que tout autre. Aussi aurez-vous des tenues et des vêtements pour accomplir votre art.

Le Vilain : *(qui s'apprête à repartir)* Merci, Sire, mais je n'en veux pas. Je ne peux rester avec vous. Je dois m'en retourner chez moi.

Le Roi : Tu n'en feras rien. Tu seras mon médecin et ami.

Le Vilain : Merci sire, mais chez moi, il n'y a pas de pain et je me souviens brusquement que je devais justement aller chercher de la farine au moulin. *(Il fait de nouveau mine de se retirer)*

Le Roi : Or donc ! valets ! battez-le moi et il restera.

(Deux valets apparaissent. Ils s'occupent sur-le-champ du paysan et le frappent vaillamment sur les bras, les jambes, le dos)

Le Vilain : Grâce ! grâce ! Je resterai ici ! Laissez-moi !...

dans *Fabliaux du Moyen Âge adaptés pour le théâtre*

Traduits par Ch. Poslaniec et adaptés pour le théâtre par R. Boudet

2 **Les passages en italique font-ils partie de la réplique du personnage ? Quelle est leur fonction ?**

3 **Quels sont les passages que tu trouves les plus drôles ? Les plus étonnants ?**

➔ Fiches 6 et 7

OBSERVATION RÉFLÉCHIE DE LA LANGUE........

1 Relis cet extrait du *Vilain mire*.

LE VILAIN : Sire, votre fille est guérie, voici l'arête, Dieu merci.

(La fille continuant à rire, sort en grande joie)

LE ROI : J'en suis fort réjoui. Sachez que je vous estime plus que tout autre. Aussi aurez-vous des tenues et des vêtements pour accomplir votre art.

LE VILAIN : *(qui s'apprête à repartir)* Merci, Sire, mais je n'en veux pas. Je ne peux rester avec vous. Je dois m'en retourner chez moi.

LE ROI : Tu n'en feras rien. Tu seras mon médecin et ami.

LE VILAIN : Merci sire, mais chez moi, il n'y a pas de pain et je me souviens brusquement que je devais justement aller chercher de la farine au moulin. *(Il fait de nouveau mine de se retirer)*

LE ROI : Or donc ! valets ! battez-le moi et il restera.

(Deux valets apparaissent. Ils s'occupent sur-le-champ du paysan et le frappent vaillamment sur les bras, les jambes, le dos)

LE VILAIN : Grâce ! grâce ! Je resterai ici ! Laissez-moi !...

2 Compare les pronoms personnels ainsi que les temps verbaux utilisés dans les répliques et dans les indications scéniques.
Que peux-tu en conclure ?
(Aide-toi du mémento si nécessaire.)

➜ Fiche 8

LIRE

1 Voici, en français moderne, la fin du fabliau sous forme de récit. Lis le texte.

La fin du Vilain mire

Le paysan resta à la cour; on le tondit, on le rasa et on lui fit revêtir une robe d'écarlate. Il se croyait tiré d'affaire lorsque les malades du pays, au nombre de quatre-vingts, à ce que je crois, vinrent voir le roi à l'occasion d'une fête et chacun lui conta son cas. Le roi appela le paysan et lui dit :

« Maître, au travail. Chargez-vous de ces gens et guérissez-les-moi sans tarder.

– Grâce, Sire, répliqua le paysan. Par Dieu, ils sont trop nombreux; je ne pourrai en venir à bout; il est impossible de les guérir tous ! »

Le roi appela deux valets qui prirent un gourdin car ils savaient bien pourquoi le roi les appelait. Quand le paysan les vit venir, son sang ne fit qu'un tour.

« Grâce, commença-t-il à crier. Je vais tous les guérir sans attendre ! »

Il demanda du bois et on lui en donna assez pour le satisfaire; on fit du feu dans la salle et lui-même se mit à l'attiser. Il réunit alors les malades dans la salle et s'adressa au roi :

« Sire, vous sortirez avec tous ceux qui ne sont pas malades. »

Le roi le quitta courtoisement et sortit de la pièce avec ses gens. Le paysan s'adressa alors aux malades :

« Seigneurs, par ce Dieu qui me créa, ce n'est pas une mince affaire que de vous guérir et j'ai peur de ne pouvoir y arriver. Je vais choisir le plus malade et le mettre dans ce feu; je le réduirai en cendres et tous les autres en retireront profit car ceux qui boiront cette cendre avec de l'eau seront guéris sur l'heure. »

Ils se regardèrent les uns les autres mais il n'y eut pas un bossu ou un enflé qui voulût admettre, même si on lui avait donné la Normandie, qu'il était le plus gravement atteint. Le paysan s'approcha du premier et lui dit :

« Je te vois bien faible : tu es le plus malade de tous.

– Grâce, Sire, je me sens beaucoup mieux que jamais je ne me suis senti. Je suis soulagé des maux bien cruels qui m'ont longtemps fait souffrir. Sachez que je ne vous mens pas.

– Alors qu'es-tu venu chercher ici ? Sors. »

Celui-ci s'empressa de prendre la porte. Le roi lui demanda au passage :

« Es-tu guéri ?

– Oui, Sire. Grâce à Dieu, je suis plus sain qu'une pomme. Votre médecin est un homme remarquable ! »

Que vous dirais-je de plus ? Il n'y avait personne, petit ou grand, qui, pour rien au monde, aurait accepté d'être jeté dans le feu. Et tous s'en allèrent comme s'ils avaient été complètement guéris. Quand le roi les vit ainsi, il en fut éperdu de joie et il demanda au paysan :

« Beau maître, je me demande bien comment vous avez pu faire pour les guérir aussi vite.

– Sire, je les ai enchantés. Je connais un charme qui est plus efficace que le gingembre ou le zédoaire*. »

Le roi lui dit alors :

« Maintenant, vous pourrez repartir chez vous quand vous le désirerez ; vous aurez de mes deniers et de bons chevaux, palefrois et destriers. Quand je vous appellerai, vous répondrez à mon appel. Vous serez mon ami le plus cher et tous les gens de la contrée vous en aimeront davantage. Ne faites plus le niais et n'obligez plus personne à vous battre car il est honteux de vous frapper.

– Merci, Sire, je suis votre homme à quelque heure que ce soit, et le serai aussi longtemps que je vivrai et je ne pense pas jamais le regretter. »

Il prit congé du roi et le quitta pour revenir tout joyeux chez lui. Jamais il n'y eut manant plus riche : il revint chez lui mais ne retourna plus à sa charrue et ne battit plus sa femme ; au contraire, il l'aima tendrement. Tout se passa comme je vous l'ai conté : grâce à sa femme et à la malice qu'elle avait déployée, il devint un bon médecin sans jamais l'avoir appris.

* le zéodaire : plante aromatique d'Orient.

« Le Paysan devenu médecin »
dans *Fabliaux et contes du Moyen Âge*, Le Livre de Poche

2 **Le vilain, les malades : comment chacun résout-il son problème ?**

3 **Maintenant que tu connais ce fabliau en entier, donne ta définition de ce genre de texte.**

Fiche 9

DIRE

Par groupe de cinq, préparez une mise en scène de la fin du fabliau (troisième tableau) :
- **en construisant cinq tableaux correspondant aux cinq sous-parties du texte ;**
- **en choisissant une réplique par élève.**

→ Fiche 10

OBSERVATION RÉFLÉCHIE DE LA LANGUE

1. **Relis cet extrait du fabliau.**
2. **À quoi correspondent les parties écrites en bleu ?**
3. **À quels temps sont conjugués les verbes du texte en noir ? Trouve-t-on ces temps dans les indications scéniques des tableaux 1 et 2 de la pièce de théâtre ?**

Le paysan resta à la cour ; on le tondit, on le rasa et on lui fit revêtir une robe d'écarlate. Il se croyait tiré d'affaire lorsque les malades du pays, au nombre de quatre-vingts, à ce que je crois, vinrent voir le roi à l'occasion d'une fête et chacun lui conta son cas. Le roi appela le paysan et lui dit :

« Maître, au travail. Chargez-vous de ces gens et guérissez-les-moi sans tarder.

– Grâce, Sire, répliqua le paysan. Par Dieu, ils sont trop nombreux ; je ne pourrai en venir à bout ; il est impossible de les guérir tous ! »

→ Fiche 11

OBSERVATION RÉFLÉCHIE DE LA LANGUE

1. **Compare les deux phrases suivantes.**
2. **Ces deux phrases ont-elles exactement le même sens ?**

Ils se penchent vers le Roi puis lui murmurent les explications que nous connaissons.

Ils se penchent vers le Roi, lui murmurant les explications que nous connaissons.

→ Fiche 12

LIRE

1 **Compare les deux versions du fabliau ci-dessous.**

2 **Les auteurs de cet extrait ont, chacun à leur manière, traduit le texte médiéval. Retrouve les parties du récit qui sont proposées en indications scéniques et en réplique.**

Version récit	Version théâtre
Le roi appela deux valets qui prirent un gourdin car ils savaient bien pourquoi le roi les appelait. Quand le paysan les vit venir, son sang ne fit qu'un tour. « Grâce, commença-t-il à crier. Je vais tous les guérir sans attendre ! » Il demanda du bois et on lui en donna assez pour le satisfaire ; on fit du feu dans la salle [...]	LE ROI : Valets, battez-le moi ! *(Quand le vilain voit arriver les valets il est pris tout de suite de tremblements)* LE VILAIN : Grâce ! Grâce ! Je vais les guérir immédiatement ! *(Il réfléchit un instant)* Qu'on m'apporte du bois et qu'on fasse un gros tas dans cette cheminée-ci. *(Le feu est allumé)*

Fiche 13

ÉCRIRE

Par groupe d'acteurs, écrivez les répliques et les indications scéniques choisies en vous servant de la fin du texte du fabliau (pp. 92-93) et de votre mise en scène.

DIRE

Organisez un comité de lecture et donnez votre avis sur les scènes écrites par chaque groupe (qualité du texte, respect des contraintes d'écriture d'un texte de théâtre).

SYNTHÈSE

Avec l'ensemble des élèves de ta classe, récapitule ce que tu as appris dans cette unité.

Fiche Synthèse

ÉCRIRE

En tenant compte des remarques formulées lors du comité de lecture, écrivez votre scène définitive.

DIRE

Chaque groupe présente sa mise en scène du troisième tableau.

OBSERVATION RÉFLÉCHIE DE LA LANGUE

Révise l'orthographe de tes textes à l'aide des outils qui sont à ta disposition : fiche synthèse de l'unité, mémento, dictionnaire, répertoire, affichages de classe...

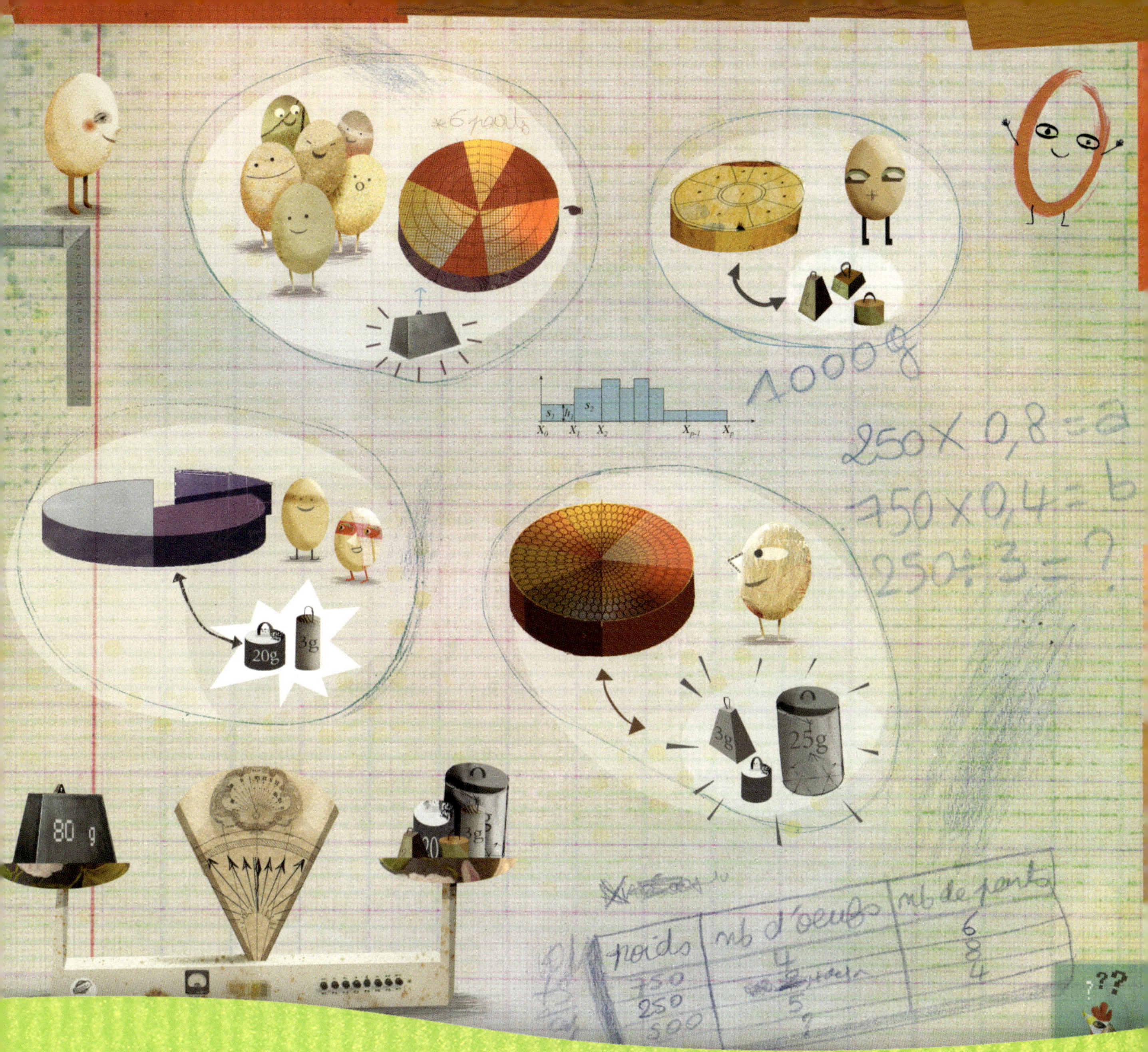

MATHÉMATIQUES

PROBLÈMES LIÉS
À LA PROPORTIONNALITÉ

DIRE

Pour mieux comprendre le texte

- Tu vas découvrir trois passages d'un texte intitulé : « Le problème ».
  Ce texte fait partie d'un recueil écrit par Marcel Aymé en 1939 et dont le titre est *Les Contes du chat perché.*
- Sais-tu ce qu'est un recueil ?
- Les héroïnes sont deux fillettes, Delphine et Marinette. Bien souvent, les animaux qui les entourent leur viennent en aide...

1 **Écoute les comédiens lire les extraits du texte.**

2 **Le recueil de Marcel Aymé s'intitule *Les Contes...* En quoi cette histoire semble-t-elle effectivement être un conte ?**

3 **Discute avec ta classe :**

a) **Rappelle les données du problème ; as-tu déjà rencontré ce genre de problème ?**
b) **Pourquoi la maîtresse refuse-t-elle la réponse apportée par Delphine et Marinette ?**
c) **Quel serait, pour toi, le moyen de résoudre le problème posé ?**

Le problème

[Delphine et Marinette expliquent leur problème au chien :]

Penchées sur leurs cahiers de brouillons, Delphine et Marinette sanglotaient. Le chien vint se placer entre leurs deux chaises et, posant ses deux pattes de devant sur la table, leur passa plusieurs fois sa langue sur les joues.

– Est-ce qu'il est vraiment difficile, ce problème ?

– S'il est difficile ! soupira Marinette. C'est bien simple. On n'y comprend rien.

– Si je savais de quoi il s'agit, dit le chien, j'aurais peut-être une idée.

– Je vais te lire l'énoncé, proposa Delphine. « Les bois de la commune ont une étendue de seize hectares. Sachant qu'un are est planté de trois chênes, de deux hêtres et d'un bouleau, combien les bois de la commune contiennent-ils d'arbres de chaque espèce ? »

– Je suis de votre avis, dit le chien, ce n'est pas un problème facile. Et d'abord, qu'est-ce que c'est qu'un hectare ?

– On ne sait pas très bien, dit Delphine qui, étant l'aînée des petites, était aussi la plus savante. Un hectare, c'est à peu près

comme un are, mais pour dire lequel est le plus grand, je ne sais pas. Je crois que c'est l'hectare.

– Mais non, protesta Marinette. C'est l'are le plus grand.

– Ne vous disputez pas, dit le chien. Que l'are soit plus grand ou plus petit, c'est sans importance. Occupons-nous plutôt du problème. Voyons : « Les bois de la commune... »

[...]

[La poule trouve une solution :]

– Eh bien ! je ne vois pas ce qui vous arrête, dit la petite poule blanche lorsqu'il eut fini. Tout ça me paraît très simple.

Les petites étaient roses d'émotion et la regardaient avec un grand espoir. Cependant, les bêtes échangeaient des réflexions qui n'étaient pas toutes bienveillantes.

– Elle n'a rien trouvé. Elle veut se rendre intéressante. Elle n'en sait pas plus que nous. Vous pensez, une petite poule de rien du tout.

– Voyons, laissez-la parler, dit le chien. Silence, cochon, et vous, les vaches, silence aussi. Alors, qu'est-ce que tu as trouvé ?

– Je vous répète que c'est très simple, répondit la petite poule blanche, et je m'étonne que personne n'y ait pensé. Les bois de la commune sont tout près d'ici. Le seul moyen de savoir combien il y a de chênes, de hêtres et de bouleaux, c'est d'aller les compter. À nous tous, je suis sûre qu'il ne nous faudra pas plus d'une heure pour en venir à bout. [...]

Delphine et Marinette étaient tellement émerveillées qu'elles ne trouvaient rien à dire.

[...]

[La maîtresse n'est pas d'accord...]

Ayant expliqué aux élèves comment il fallait raisonner, elle fit les opérations au tableau et déclara :

– Les bois de la commune contiennent donc quatre mille huit cents chênes, trois mille deux cents hêtres et seize cents bouleaux.

Par conséquent, Delphine et Marinette se sont trompées. Elles auront une mauvaise note.

– Permettez, dit la petite poule blanche. J'en suis fâchée pour vous, mais c'est vous qui vous êtes trompée. Les bois de la commune contiennent trois mille neuf cent dix-huit chênes, douze cent quatorze hêtres et treize cent deux bouleaux. C'est ce que trouvent les petites.

– C'est absurde, protesta la maîtresse. Il ne peut y avoir plus de bouleaux que de hêtres. Reprenons le raisonnement…

– Il n'y a pas de raisonnement qui tienne. Les bois de la commune contiennent bien treize cent deux bouleaux. Nous avons passé l'après-midi d'hier à les compter. […]

Marcel Aymé, dans *Les Contes du chat perché*

ÉCRIRE

Dans l'extrait qui précède, Marcel Aymé ne termine pas la dernière phrase de la maîtresse : « C'est absurde. Il ne peut y avoir plus de bouleaux que de hêtres. Reprenons le raisonnement… »

Recopie cette réplique et invente la fin de la phrase en te demandant ce que pourrait dire la maîtresse à ses élèves.
Tu peux aussi imaginer ce qu'elle dessine ou écrit au tableau.

LIRE

Les problèmes présentés ci-dessous sont extraits de manuels de mathématiques de CM2.

Après les avoir lus et analysés, explique pourquoi ces problèmes figurent tous dans un chapitre intitulé « Proportionnalité ».

1

Voici les ingrédients nécessaires à la réalisation de ce gâteau pour 6 personnes.

Quelles seraient les quantités pour :

- 2 personnes ?
- 12 personnes ?
- 18 personnes ?

Pour comprendre les mathématiques CM2

2

Un avion parcourt 180 km en 15 min.
a. Quelle distance parcourt-il :
- en 30 min. ?
- en 10 min. ?
- en 60 min. ?

Note les réponses dans un tableau.

Durée du vol (en min.)	15	30	10	60
Distance (en km)	180	…….	…….	…….

b. Utilise ce tableau pour construire le graphique qui permet de trouver la distance quand on connaît la durée du vol.

Pour comprendre les mathématiques CM2

3

Une voiture roule toujours à la même vitesse.
Elle fait 9 km en 6 minutes et 15 km en 10 minutes.
Quelle distance parcourt-elle en 16 minutes ? et en 30 minutes ?

Le nouveau math élem. CM2

4

En pressant 4 kg d'oranges, Amélie a obtenu 2,3 l de jus.
En pressant 6 kg d'oranges, Michel a obtenu 3,45 l de jus.

Le volume de jus obtenu est-il proportionnel au poids des oranges qui ont été pressées ?
Si c'est le cas, quel est le volume de jus obtenu avec 10 kg d'oranges ?

J'apprends les maths CM2

5

Chez le boulanger, les mini-croissants sont toujours vendus au même prix à l'unité.
Olivier achète 7 mini-croissants et on lui annonce un prix total de 2,94 €.
Quel serait le prix :
– de 28 mini-croissants ?
– de 70 mini-croissants ?

J'apprends les maths CM2

6

Observe, reproduis et complète ce tableau de proportionnalité.

Nombre de tours de pédalier	5	20	50	70	…….
Distance parcourue (en m)	…….	…….	320	…….	640

Pour comprendre les mathématiques CM2

➜ Fiche 1

OBSERVATION RÉFLÉCHIE DE LA LANGUE

1 **Lis cet extrait d'une page de dictionnaire.**

2 **Retrouve les définitions qui s'appliquent au domaine mathématique sur lequel tu travailles dans cette unité.**

3 **Repère comment les mots de cet extrait sont formés.**

proportion *n.f.* **A 1.** Rapport de grandeur entre les différentes parties d'un tout. **2.** MATH. Égalité de deux rapports (*ex.* $\frac{a}{b} = \frac{c}{d}$). **3.** Rapport quantitatif, pourcentage. **B** *n.f. plu.* Ensemble des dimensions qui caractérisent un tout. *Des proportions importantes.* **Loc.** ***À proportion, en proportion :*** dans un rapport constant. SYN. proportionnellement – ***À proportion de :*** par rapport à, eu égard à – ***Hors de proportion :*** trop grand, démesuré – ***Toutes proportions gardées :*** en tenant compte de la valeur relative, de la différence entre les éléments considérés. ETY. Du latin *proportio.*

proportionnaliste a.*n.* Partisan de la représentation proportionnelle.

proportionnalité *n.f.* **1.** Caractère des choses, des grandeurs proportionnelles entre elles. **2.** Juste répartition. *Proportionnalité de l'impôt.*

proportionné,ée *a.* **1.** Qui est dans un rapport convenable avec. *L'amende est proportionnée au délit.* **2.** Dont les proportions sont respectées, harmonieux.

proportionnel,elle *a. n.f.* Qualifie une grandeur liée à une autre par un rapport de proportion. **Loc.** MATH. ***Grandeurs directement proportionnelles :*** se dit de deux grandeurs dont le rapport reste constant. – ***Grandeurs inversement proportionnelles :*** dont le produit reste constant – ***Représentation proportionnelle*** **ou** ***la proportionnelle :*** système électoral accordant une représentation proportionnelle aux suffrages obtenus. DER. Proportionnellement *adv.*

proportionner *v.t.* Établir un juste rapport, une juste proportion entre deux choses.

Extrait du *Dictionnaire Hachette*

Fiche 2

LIRE

1 **Observe la composition des six documents suivants.**

2 **Demande-toi à quoi sert chacun des éléments qui constituent ces énoncés.**

1

Voici divers mélanges d'eau et de sucre.
Aide Karim.

Dans chaque cas, je cherche le mélange le plus sucré.

A ▶ *Mélange A ou B ?*

B ▶ *Mélange C ou D ?*

Mélange *a*	Mélange *b*	Mélange *c*	Mélange *d*
13 g de sucre dans 3 l d'eau	17 g de sucre dans 3 l d'eau	27 g de sucre dans 4 l d'eau	27 g de sucre dans 3 l d'eau

J'apprends les maths CM2

2

Dans mon jardin, il y a une cuve cylindrique.
Si je verse 6 litres d'eau, le niveau monte de 4 cm.
Si je verse 9 litres, le niveau monte de 6 cm.

- De combien montera le niveau si je verse 15 litres d'eau ? Et si je verse 30 litres ?
- Combien de litres d'eau dois-je verser dans cette cuve pour que le niveau monte de 30 cm ?

Pour répondre, tu peux faire un tableau :

Quantité d'eau versée (en litres)	6	9	....
Hauteur d'eau dans la cuve (en cm)	4	....	....

Le nouveau math élem. CM2

3

Le prix des paires de chaussettes est-il proportionnel au nombre de paires achetées ? Si c'est le cas, quel est le prix de 15 paires ?

J'apprends les maths CM2

4

1. Cette carte est à l'échelle 1/50 000.
Cela signifie que 1 cm sur la carte représente 50 000 cm dans la réalité.
Quelle distance, en mètres, représente 1 cm sur la carte ?

2. a. Mesure sur la carte la distance du pont Van Gogh à l'abbaye de Montmajour.
Calcule ensuite en km la distance réelle qui sépare les deux sites.

b. La distance du camping des Rosiers au château de Fourques est de 5 km environ.
Calcule cette distance sur la carte et vérifie ton calcul avec ta règle graduée.

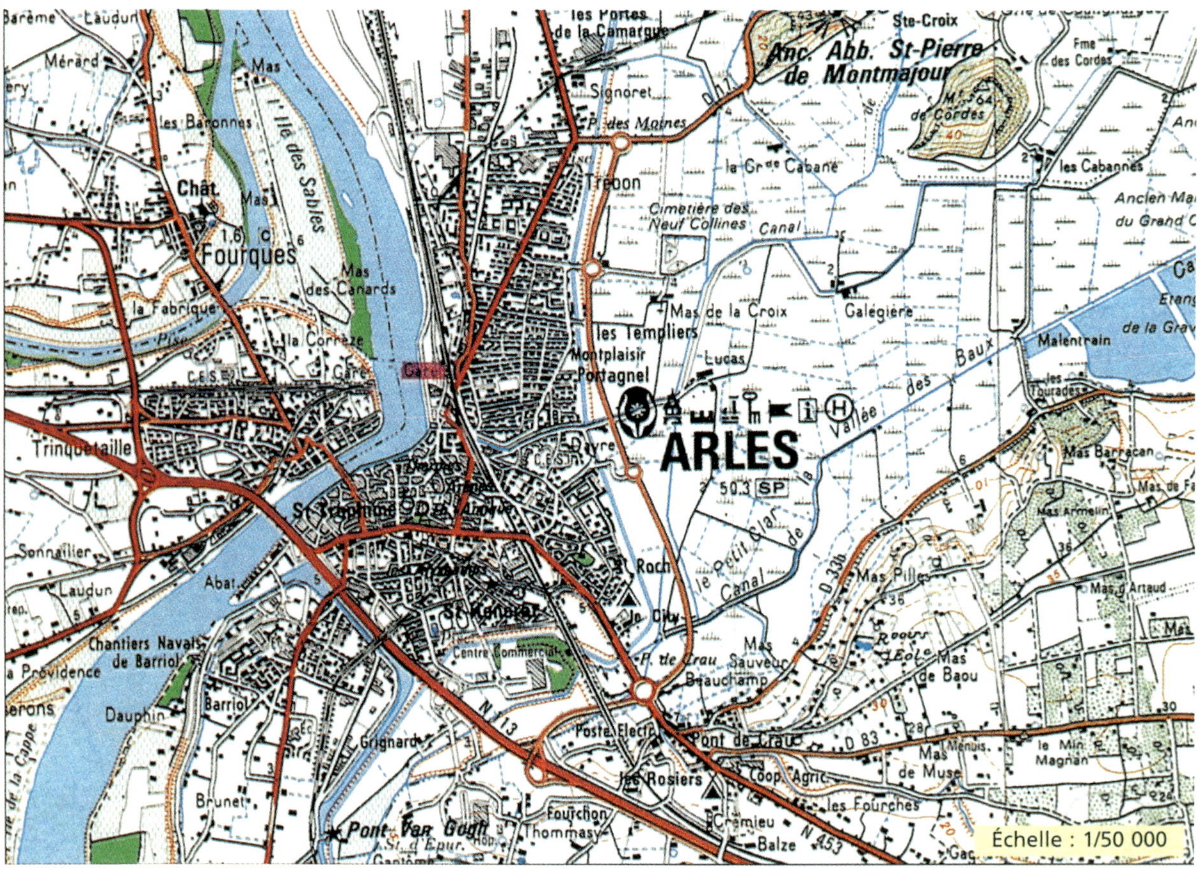

Pour comprendre les mathématiques CM2
© Hachette Livre, 2001

5

Un cycliste, un motard et un pilote de Formule 1 s'entraînent chacun sur un circuit.

a. Quelle est la couleur du graphique correspondant à chacun d'eux ?

b. Indique pour chacun d'eux sa vitesse en km/h.

c. Quelle distance parcourt chacun d'eux en 30 min. ?
en 1 h 30 ?

d. Pour chacun de ces coureurs, quelle est la durée nécessaire pour parcourir 120 km ?

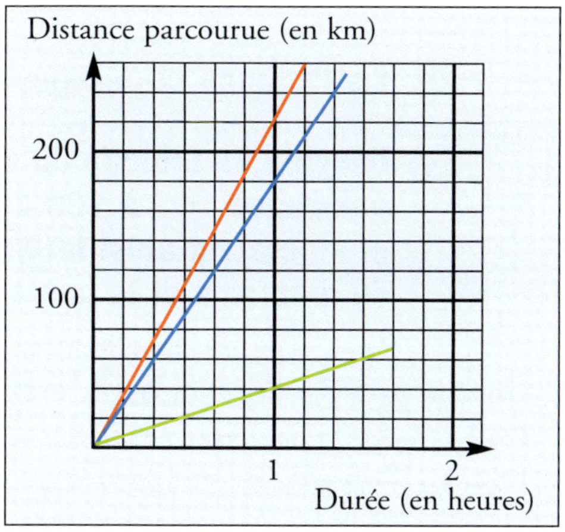

Pour comprendre les mathématiques CM2

6

Quel est le plus rapide ?

- Le champion Carl Lewis a couru le 100 m en dix secondes.
- Un lévrier peut parcourir 1 km en une minute.
- Un cheval au galop parcourt 3 600 m en trois minutes.
- Un éléphant parcourt 40 km par heure.
- Un chameau parcourt 50 km en deux heures.

a. Peux-tu dire, sans calculer, qui est le plus rapide de ces « coureurs » ?
Que faut-il faire pour pouvoir comparer les vitesses ?

b. S'il pouvait continuer de courir à la même vitesse, quelle distance Carl Lewis parcourrait-il :
- en une minute ?
- en une heure ?

Et le lévrier ? Et le cheval ?
Écris les résultats dans un tableau.

c. Range maintenant tous ces « coureurs » en exprimant leur vitesse en km/h.

d. Quelle distance parcourt un cheval de course :
- en une minute ?
- en une seconde ?

Pour comprendre les mathématiques CM2

Fiche 3

ÉCRIRE

1 **Lis l'énoncé ci-dessous.**

2 **Imagine un tableau ou un schéma qui, comme dans les énoncés présentés aux pages 103 à 105 du manuel, pourraient accompagner le texte et aideraient ainsi le lecteur à mieux comprendre les données du problème et la question posée.**

Chez le pâtissier, les tartelettes sont toujours vendues au même prix l'unité.
Paul achète 7 tartelettes et on lui annonce un prix total de 10,50 €.
Quel serait le prix de 21 tartelettes?

➜ Fiche 4

OBSERVATION RÉFLÉCHIE DE LA LANGUE

1 **Relis ces extraits de problèmes mathématiques.**

2 **À quels temps les verbes écrits en gras sont-ils conjugués?**

3 **Explique pourquoi l'auteur des énoncés a utilisé ces temps verbaux.**

1

Chez le pâtissier, les tartelettes sont toujours vendues au même prix à l'unité.
Paul achète 7 tartelettes et on lui annonce un prix total de 10,50 €.
*Quel **serait** le prix de 21 tartelettes?*

2

Voici les ingrédients nécessaires à la réalisation de ce gâteau pour 6 personnes. […]
*Quelles **seraient** les quantités pour :*
- 2 personnes?
- 12 personnes?
- 18 personnes?

➜ Fiche 5

DIRE

1 Lis le problème que Maëlle et Kévin ont dû résoudre :

Dans un livre de recettes, Mme Dupont lit le texte suivant :

Brioche légère :
seulement 150 g de beurre pour 500 g de farine!

Mme Dupont veut préparer des brioches de plusieurs tailles pour un buffet d'anniversaire.
Elle choisit de faire 5 brioches en variant la quantité de farine :

- 500 g
- 100 g
- 250 g
- 50 g
- 1 kg

Quelle quantité de beurre doit-elle préparer pour chaque brioche?

2 Échange avec ton voisin et mettez-vous d'accord :

a) Formulez avec vos propres mots les données du problème et expliquez-vous le sens de la question posée.

b) Expliquez les deux démarches que les élèves ont choisies :

Pour répondre à la question, Kévin décide de faire un tableau :

farine	500	100	250	50	1000
beurre	150	30	75	15	300

Maëlle propose la solution suivante et utilise sa calculette pour faire ses calculs :

500 g farine → 150 g beurre
1 g farine → 150 : 500 = 0,3 g

donc
pour 100 g → 100 x 0,3 = 30 g
pour 250 g → 250 x 0,3 = 75 g
pour 50 g → 50 x 0,3 = 15 g
pour 1000 g farine → 1000 x 0,3 = 300 g

➜ Fiche 6

LIRE

1 **Observe les documents ci-dessous, extraits d'une même page de manuel de mathématiques.**

2 **Quel lien y a-t-il entre les trois parties délimitées ici en jaune ?**

A

Un mur est construit avec des pierres identiques. Il a une hauteur de 15 pierres. Paula a constaté que sa taille est égale à la hauteur de 3 pierres exactement. Paula mesure 1,60 m. Elle se demande si elle pourrait connaître la hauteur du mur.

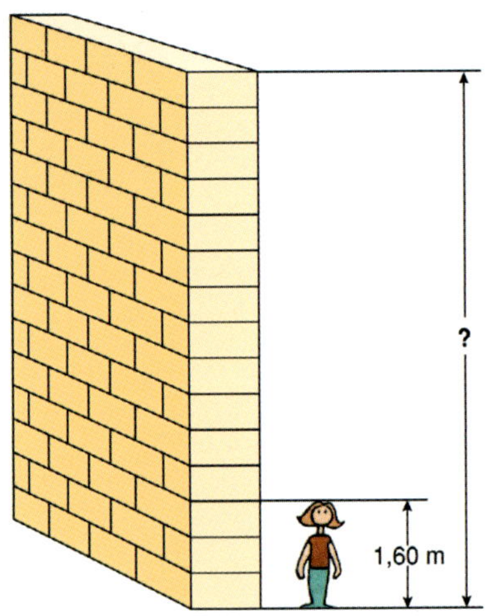

B

a Observe comment Mathilde et Mathieu résolvent ce problème.

Si 3 pierres, c'est 1,60 m
1 pierre, c'est 3 fois moins, c'est 1,60 : 3
15 pierres, c'est 15 fois plus…

u $\frac{1}{10}$ $\frac{1}{100}$	
1, 6 0	3
1 0	u $\frac{1}{10}$ $\frac{1}{100}$
	0, 5

J'ai une solution plus rapide !
15 pierres, c'est 5 fois 3 pierres.
Si 3 pierres, c'est 1,60 m
15 pierres, c'est 5 fois plus, c'est 1,60 m x 5.

b Termine les calculs de Mathilde.
c Cherche la solution comme Mathieu.
Trouves-tu le même résultat ?

C

J'ai appris

Si on connaît la masse totale de 6 objets identiques et si on veut connaître celle de 18 de ces objets, on peut utiliser deux méthodes :

1°) On peut chercher la masse de 1 objet (on calcule une division par 6) ; il faut ensuite multiplier cette valeur par 18.
Mais, souvent, la division « ne s'arrête pas » et l'on obtient un quotient approché. Le produit de ce nombre par 18 est alors, lui aussi, une approximation.

2°) Comme la masse de 18 objets identiques est 3 fois celle de 6 objets, il suffit de multiplier par 3 la masse de 6 objets.
Le calcul est plus facile et l'on obtient un produit exact.

➜ Fiche 7

OBSERVATION RÉFLÉCHIE DE LA LANGUE

1 **Relis le document suivant :**

Si 3 pierres, c'est 1,60 m
1 pierre, c'est 3 fois moins, c'est 1,60 : 3
15 pierres, c'est 15 fois plus…

J'ai une solution plus rapide !
15 pierres, c'est 5 fois 3 pierres.
Si 3 pierres, c'est 1,60 m
15 pierres, c'est 5 fois plus, c'est 1,60 m x 5.

2 **Quel mot Mathilde et Mathieu utilisent-ils pour annoncer l'information à partir de laquelle ils vont réfléchir ?**

3 **Dans chaque bulle, à quel endroit pourrais-tu placer les liens logiques « alors » et « donc » ?**

➔ Fiche 8

SYNTHÈSE

Avec l'ensemble des élèves de ta classe, récapitule ce que tu as appris dans cette unité.

➔ Fiche Synthèse

ÉCRIRE

Pour mieux comprendre le texte

- Tu vas lire, page suivante, l'extrait d'un récit se passant en Afrique.
  Dans cette histoire, Ponok-Ponok, l'instituteur, possède un bananier. Les bananes poussent en grappes que l'on nomme des « mains de bananes ». Demande-toi pourquoi…
- Ponok-Ponok décide de distribuer les bananes mûres à ses élèves…

Ponok-Ponok donne une leçon de math à ses élèves

Ponok-Ponok dégagea de la longue tige les mains de bananes qu'il allait offrir aux familles de ses jeunes amis.

– 25 bananes pour la famille de Mboso qui rassemble 10 personnes.

– Chez nous, nous sommes 6, m'sieu ! lança Gazolo, ne nous oublie pas !

– Je n'oublierai personne, répondit Ponok-Ponok en souriant.

Il coupa ensuite une autre main de bananes.

– Gazolo, voici 15 bananes pour chez toi.

– C'est injuste, m'sieu ! fit Gazolo sur un ton boudeur et outré. Vous avez donné plus de bananes à Mboso !

– Je ne suis pas injuste ! rétorqua le vieillard indigné [...]. Le nombre de bananes est proportionnel au nombre de personnes dans chaque foyer.

– Proportionnel ? demanda Gazolo en fronçant les sourcils.

Pour toute réponse, Ponok-Ponok continua à préparer les parts des autres familles. Gazolo rechigna encore lorsque le vieillard offrit 30 bananes à l'un de ses camarades.

D'après **B. Tsobgny**, dans *Ponok-Ponok, drôles d'histoires de mathématiques*

Écris un énoncé de problème à partir de cet extrait.
N'oublie pas comment se présentent les problèmes liés à la proportionnalité (texte, dessin, tableau, graphique...).

DIRE

Présente à la classe l'énoncé que tu as rédigé ainsi que la ou les démarche(s) de résolution correspondante(s).

OBSERVATION RÉFLÉCHIE DE LA LANGUE

Révise l'orthographe de ton texte à l'aide des outils qui sont à ta disposition : fiche synthèse de l'unité, mémento, dictionnaire, répertoire, affichages de classe...

HISTOIRE

LA GRANDE GUERRE (1914-1918)

DIRE

À partir de tous les indices que tu peux repérer sur les documents ci-dessous, échange avec tes camarades et réponds aux questions suivantes en justifiant tes réponses :
- Ces documents parlent-ils d'événements réels ou imaginaires ?
- Pourquoi les a-t-on regroupés ici ?

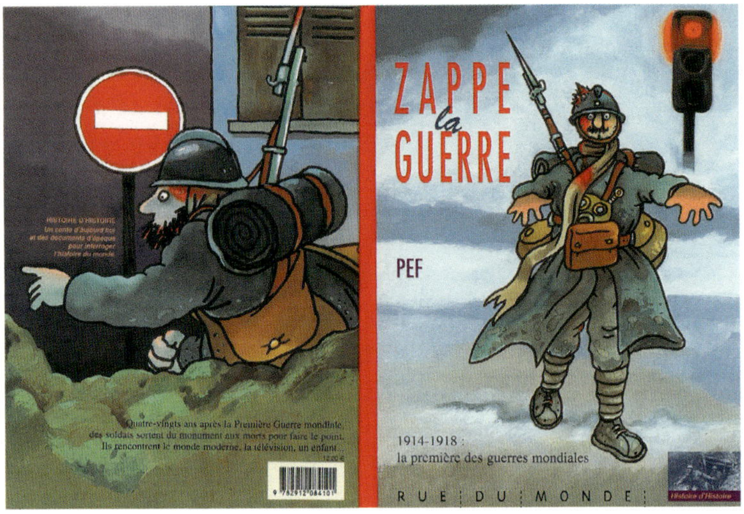

Pef, *Zappe la guerre*
© Éditions Rue du monde, 1998

Un monument aux morts
à Censeau (Jura).

ÉCRIRE

1 Rappelle-toi ce que tu connais de « la Grande Guerre ».

2 Rédige un court texte afin de présenter tes connaissances sur ce sujet.

LIRE

1 Observe les sept documents suivants et demande-toi quels sont leurs points communs.

2 Pour chacun des textes, repère le nom de l'auteur, la date et la nature du document.

A

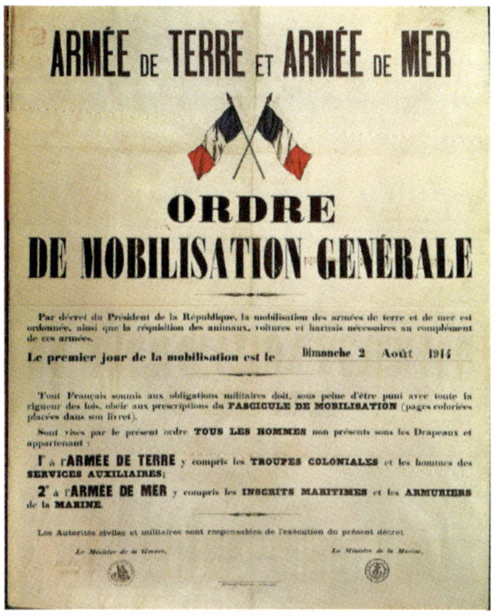
ARMÉE DE TERRE ET ARMÉE DE MER

ORDRE
DE MOBILISATION GÉNÉRALE

Par décret du Président de la République, la mobilisation des armées de terre et de mer est ordonnée, ainsi que la réquisition des animaux, voitures et harnais nécessaires au complément de ces armées.

Le premier jour de la mobilisation est le Dimanche 2 Août 1914

Tout Français soumis aux obligations militaires doit, sous peine d'être puni avec toute la rigueur des lois, obéir aux prescriptions du **FASCICULE DE MOBILISATION** (pages coloriées placées dans son livret).

Sont visés par le présent ordre **TOUS LES HOMMES** non présents sous les Drapeaux et appartenant :

1° à l'**ARMÉE DE TERRE** y compris les **TROUPES COLONIALES** et les hommes des **SERVICES AUXILIAIRES**;

2° à l'**ARMÉE DE MER** y compris les **INSCRITS MARITIMES** et les **ARMURIERS** de la **MARINE**.

Les Autorités civiles et militaires sont responsables de l'exécution du présent décret.

Affiche publiée le 1er août 1914

B

Carte postale de 1914

C

Le départ des soldats mobilisés (photographie de 1914)

1 La guerre d'Éliane

D'abord, quand son père avait annoncé la nouvelle, il affichait un air grave. Éliane avait même cru discerner de l'angoisse dans son regard. Et puis sa voix. Si douce et sereine d'habitude, elle avait pris une tonalité que, jusqu'alors, la fillette ne lui connaissait pas.

– La guerre ! s'était inquiétée Mérine.

– Enfin, presque, la mobilisation. La guerre, c'est pour bientôt. Ça, faut bien qu'on reprenne l'Alsace et la Lorraine aux Boches !

Le lendemain, Éliane constata le changement. On avait beau être dimanche, le village ne se parait habituellement pas de bleu-blanc-rouge. Ce jour-là, tout n'était que drapeaux et cocardes. Des gens se promenaient dans la rue en chantant.

– Imbéciles ! grinça Joannès au passage d'un groupe. On voit bien que vous savez pas ce que c'est que la guerre.

Philippe Barbeau, *La Guerre d'Éliane*

2 L'ivresse du départ

Nous avions quitté les salles de cours, les bancs de l'école, les établis, et les brèves semaines d'instruction nous avaient fondus en un grand corps brûlant d'enthousiasme. Élevés dans une ère de sécurité, nous avions tous la nostalgie de l'inhabituel, des grands périls. La guerre nous avait donc saisis comme une ivresse. C'est sous une pluie de fleurs que nous étions partis, grisés* de roses et de sang. Nul doute que la guerre ne nous offrît la grandeur, la force, la gravité. Elle nous apparaissait comme l'action virile : de joyeux combats de tirailleurs, dans des prés où le sang tombait en rosée sur les fleurs.

Ernst Jünger*, *Orages d'acier,* 1920

* grisé : ivre.

* Ernst Jünger : soldat de la Grande Guerre et écrivain allemand (1895-1998).

3 Le départ à la guerre

Beaucoup de témoignages nous sont parvenus par les lettres que les soldats européens envoyaient à leurs familles ou par les carnets dans lesquels ils notaient leurs impressions. Dans certaines régions, on part au combat sûr d'une victoire rapide : « Il est trois heures. Nos pas sonores réveillent plusieurs Brestois et Brestoises qui viennent en corps de chemise nous applaudir, troublant le grand silence qui régnait dans la ville à cette heure matinale. À la gare, la foule s'est réunie et les applaudissements recommencent de plus belle. » D'autres sont inquiets mais résignés : « Il faut bien envisager la réalité sans se monter la tête : la guerre est comme la fièvre typhoïde ; il faut la fuir, mais si on l'attrape, il faut lutter. »

Les savoirs de l'école, Histoire cycle 3

4 La déclaration de guerre

Le 2 août 1914, l'armée allemande envahit le Luxembourg. Près de Belfort, une patrouille allemande pénètre sur le territoire français et se heurte à un petit poste d'infanterie* : le caporal Peugeot est tué. C'est le premier mort français de cette guerre.
Le Parlement convoqué en session extraordinaire* se réunit le 4. Au Sénat, le président du Conseil donne lecture d'une communication du Gouvernement : « La France, injustement provoquée, n'a pas voulu la guerre. Elle a tout fait pour la conjurer*. Puisqu'on la lui impose, elle se défendra contre l'Allemagne et contre toute puissance qui, n'ayant pas encore fait connaître son sentiment, prendrait part au côté de cette dernière au conflit entre les deux. »

D'après un article diffusé sur le site du **Sénat***
http://www.senat.fr/evenement/archives/D16/guerre.html

* un poste d'infanterie : un groupe de soldats.

* une session extraordinaire : une réunion non prévue.

* conjurer : refuser.

* le Sénat : en France, assemblée composée des sénateurs (hommes politiques qui participent à l'élaboration des lois).

➜ Fiche 1

ÉCRIRE

1 **Afin de garder une trace des documents précédents, note sur ton carnet de prise de notes ou sur ton cahier de production d'écrits :**
- **les mots qui te paraissent importants à retenir pour ton projet d'écriture ;**
- **les citations que tu pourrais utiliser.**

2 **Écris un court paragraphe en t'aidant de tes notes.**

➜ Fiche 2

LIRE / ÉCRIRE

Pour mieux comprendre les documents

Durant la guerre 14-18, les combats se déroulent dans le nord-est de la France, où l'armée française tente d'empêcher l'avancée des troupes allemandes. Les deux armées se font face sur une ligne qui va de la mer du Nord aux Vosges : le front. Les soldats creusent des tranchées pour mieux se protéger et défendre leurs positions.

1 **Lis les documents suivants.**

1 Lettre de Joseph Gilles

Le 3 mai 1916

Tu ne peux pas te faire idée, ma chère, combien nous sommes malheureux ; donc pourtant je n'ai pas trop l'habitude de me plaindre, mais ce coup-ci j'y suis obligé car c'est une chose au-dessus de l'imagination, c'est à ne pas pouvoir te dire. Dans ce tunnel, nous sommes une affaire de trois mille hommes en réserve, dans une humidité car l'eau ruisselle tout le long des murs, et il faut pourtant coucher là sur la voie de chemin de fer. On va chercher les vivres en pleine nuit près de Verdun, accompagnés tout le long du chemin par les obus, ce qui fait que nous ne pouvons faire qu'un repas par jour et sans soupe. Pour se rendre aux premières lignes, c'est très pénible et très dangereux; un kilomètre environ avant d'arriver, il y a un passage dénommé le ravin de la mort, qui sait les hommes qu'il y a de tués là-dedans; il faut y passer, il n'y a pas d'autre endroit.

Joseph Gilles

Joseph Gilles, soldat français dans *Paroles de Poilus. Lettres et carnets du front 1914-1918*
Librio © Radio France, 1998

2 Croquis du front*

André Dunoyer de Segonzac,
Préparation d'artillerie, section hors-bois, Lorraine (croquis du front) janvier 1915
Encre sur papier, 21,5 x 30 cm, musée d'Histoire contemporaine – BDIC, Paris.

* le front : l'étendue que présente devant l'ennemi une armée déployée.

3 Lettre de Taupiac

Dimanche 14 février 1915

Cher ami

Quand nous sommes arrivés par ici au mois de novembre, cette plaine était alors magnifique avec ses champs à perte de vue, pleins de betteraves, parsemés de riches fermes et jalonnés de meules de blé. Maintenant c'est le pays de la mort, tous ces champs sont bouleversés, piétinés, les fermes sont brûlées ou en ruine et une autre végétation est née : ce sont les petits monticules surmontés d'une croix ou simplement d'une bouteille renversée dans laquelle on a placé les papiers de celui qui dort là. Que de fois la mort me frôle de son aile quand je galope le long des fossés ou des chemins creux pour éviter leurs « shrapnels » ou le tac-tac de leurs mitrailleuses. La nuit, j'ai couché longtemps dans un tombeau neuf, puis on a changé de cantonnement et je suis maintenant dans un trou que j'ai creusé après un talus. J'emporte ma couverture pendue à ma selle, ma marmite de l'autre côté et en route. J'étais l'autre jour dans les tranchées (des Joyeux). Je n'ai jamais rien vu de si horrible. Ils avaient étayé leurs tranchées avec des morts […]. Je ne te raconte que des choses que je vois, autrement je ne le croirais pas moi-même. […]

Je compte que tu m'enverras des nouvelles de là-bas et je te quitte en t'envoyant une formidable poignée de main.

TAUPIAC

Taupiac, soldat français dans *Paroles de Poilus. Lettres et carnets du front 1914-1918*

4 Orages d'acier

À vingt mètres derrière nous, des mottes de terre jaillirent en tournoyant d'un nuage blanc et claquèrent à travers les branches hautes. L'écho en roula longtemps dans le sous-bois. Des regards éperdus se croisèrent, les corps se serrèrent, écrasés par un sentiment d'impuissance, contre le sol. Les détonations se succédaient en chapelets. Des gaz délétères* s'infiltraient sous le taillis ; une fumée lourde enveloppait les cimes, des troncs et des branches se fracassaient contre la terre, des cris éclataient. Nous nous levâmes d'un bond et partîmes à l'aveuglette, harcelés par les éclairs et le souffle assourdissant des coups, d'arbre en arbre, cherchant à nous couvrir, tournant comme des bêtes traquées autour de troncs énormes. Un abri où coururent beaucoup d'entre nous et vers lequel je me dirigeais, prit un coup au but qui fit voler son plafond de rondins, lançant en tourbillon à travers l'espace les lourdes pièces de bois.

* des gaz délétères : des gaz toxiques, dangereux pour la vie.

Ernst Jünger, *Orages d'acier*, 1920

5 Lettre de Christian Bordeching

Le 24, 25 février 1916

Ma chère Hanna,
J'ai reçu hier ton colis avec la marmelade et aujourd'hui celui avec les oranges et l'œuf. Comme d'habitude j'ai été content au plus haut point [...].
Fahlbusch se porte bien ainsi que les autres bonshommes. Tu me demandes ce que nous mangeons. Dans la semaine en moyenne deux fois de la soupe aux pois à la couenne de lard, deux fois du bouillon de riz sucré, une fois des haricots verts et une fois de la soupe de riz avec de la viande de bœuf. On mange à même le couvercle de notre casserole de fer, et j'ai toujours dans ma poche ma cuillère, juste essuyée à l'aide de papier. [...] Je dors toujours habillé, les pieds enfoncés dans un sac, le manteau par-dessus, puis recouvert d'une couverture de laine où je m'enfouis entièrement dessous. Pour nous asseoir, nous avons au mieux une caisse, mais le plus souvent rien du tout. [...] Personne n'a peur de la crasse : on s'y est habitués ; on rince, on boit et l'on se lave dans l'eau des tranchées. [...]
À présent, je vais cesser mon bavardage et vais bien récupérer, car je suis exempt de service de nuit. Demain vers 11 h 30, il y aura encore de gentilles nouvelles de toi.
En grande amitié à sa fidèle sœur qui prend soin de lui.

Christian

Amitiés à Heinz et Glocvkli (Clochette).

Christian Bordeching,
lieutenant dans l'armée allemande
dans *Paroles de Poilus. Lettres et carnets du front 1914-1918*

6 Soldat français déjeunant près des abris de sa tranchée

2 **Quels sont les principaux thèmes abordés dans les quatre textes ?**

3 **Regroupe les informations données sur chaque thème et résume-les.**

→ Fiche 3

OBSERVATION RÉFLÉCHIE DE LA LANGUE

1 Relis cet extrait du texte « Le départ à la guerre », présenté page 114 du manuel :

Beaucoup de témoignages nous sont parvenus par les lettres que les soldats européens envoyaient à leurs familles ou par les carnets dans lesquels ils notaient leurs impressions.

2 Recherche dans un dictionnaire la signification du mot « témoignage ».

3 Quels mots du texte peut-on regrouper sous ce mot-titre ?

➜ Fiche 4

DIRE

Prépare la mise en voix d'une lettre de soldat.
Sois attentif à la ponctuation et, pour donner un rythme à ta lecture, repère environ cinq mots que tu peux mettre en valeur.

LIRE

1 Voici trois extraits de manuels d'Histoire.
Demande-toi dans quel but ces textes ont été rédigés.

2 Repère leurs ressemblances et leurs différences.

1 La guerre au quotidien : la peur, le froid, les rats et la mort

La guerre est longue et très dure. Pendant plus de quatre ans, les soldats creusent des tranchées pour se protéger et empêcher l'avance de l'ennemi. *Angoisse*, *faim*, *mort*, *soif*, *boue*, *douleur* sont les mots qui reviennent le plus souvent pour exprimer ce qu'ils vivent. Marcel écrit à sa famille : « Il fait froid, nous pataugeons dans la neige fondue. Pas de feu, pas de table pour écrire, pas de banc. Rien. [...] J'écris caché à la lueur d'une lampe faite ce soir d'une boîte à sardines trouvée dans la boue du chemin. » Joseph explique : « Voilà quelques jours qu'il fait très froid, il gèle très fort chaque nuit, hier matin le thermomètre était à neuf degrés au-dessous de zéro ; [...] Voilà une dizaine de jours que nous n'avons pas été au combat, le canon tonne dans le lointain. » Beaucoup de soldats ne supportent plus ces conditions tragiques. Dès la fin de 1916, ils se demandent pourquoi ils doivent encore se battre.

Les savoirs de l'école, Histoire cycle 3

2 La guerre de tranchées

De 1915 à 1918, les soldats vécurent dans les tranchées, soumis au froid, à la pluie, à la boue, au mauvais ravitaillement, à une hygiène déplorable, à des tirs d'obus incessants et à des jets de gaz de la part de l'ennemi. Dans l'impossibilité de se laver et de se raser, ils furent surnommés « les poilus ».

Histoire cycle 3

3 La Première Guerre mondiale (1914-1918)

Le début du conflit

Au début du XXe siècle, les rivalités entre les États européens se multiplièrent, ce qui, en 1914, déclencha une guerre qui s'étendit rapidement à toute l'Europe. La Première Guerre mondiale opposa la France, la Russie et l'Angleterre d'un côté, à l'Allemagne, l'Italie et l'Autriche-Hongrie de l'autre côté.

[…] L'armée allemande concentra ses efforts à l'ouest et lança une vaste offensive qui lui permit de pénétrer en France, avant d'être arrêtée lors de la bataille de la Marne (septembre 1914).

La guerre des tranchées

Le front se stabilisa et les armées françaises et allemandes creusèrent des tranchées, de la mer du Nord aux Vosges, pour mieux se protéger et défendre leurs positions.

En 1916, les Allemands lancèrent une attaque à l'est de la France : la bataille de Verdun, qui dura plusieurs mois et fit 500 000 morts, fut une victoire française.

Histoire cycle 3

➜ Fiche 5

OBSERVATION RÉFLÉCHIE DE LA LANGUE

1 **Lis les deux phrases ci-dessous.**

2 **Relève puis compare les indicateurs de temps figurant dans ces deux phrases.**

Au début du XXe siècle, les rivalités entre les États européens se multiplièrent, ce qui, en 1914, déclencha une guerre qui s'étendit rapidement à toute l'Europe.

« Voilà quelques jours qu'il fait très froid, il gèle très fort chaque nuit, hier matin le thermomètre était à neuf degrés au-dessous de zéro… »

→ Fiche 6

OBSERVATION RÉFLÉCHIE DE LA LANGUE

Compare ces deux textes : relève leurs ressemblances et leurs différences.

A

Au début du XXe siècle, les rivalités entre les États européens se multiplièrent, ce qui, en 1914, déclencha une guerre qui s'étendit rapidement à toute l'Europe. La Première Guerre mondiale opposa la France, la Russie et l'Angleterre d'un côté, à l'Allemagne, l'Italie et l'Autriche-Hongrie de l'autre côté.
L'armée allemande concentra ses efforts à l'ouest et lança une vaste offensive qui lui permit de pénétrer en France, avant d'être arrêtée lors de la bataille de la Marne (septembre 1914).

Histoire cycle 3

B

Au début du XXe siècle, les rivalités entre les États européens se multiplièrent. Ce sont ces rivalités qui déclenchèrent la guerre en 1914. Cette guerre s'étendit rapidement à toute l'Europe.
La Première Guerre mondiale opposa la France, la Russie et l'Angleterre d'un côté, à l'Allemagne, l'Italie et l'Autriche-Hongrie de l'autre côté.
L'armée allemande concentra ses efforts à l'ouest. Puis, elle lança une vaste offensive. Cette offensive lui permit de pénétrer en France. Mais l'armée allemande fut arrêtée lors de la bataille de la Marne en septembre 1914.

→ Fiche 7

OBSERVATION RÉFLÉCHIE DE LA LANGUE

1 **Relis les deux extraits de texte ci-dessous et rappelle-toi à quel genre de document ils appartiennent.**

2 **Repère les verbes et indique à quel temps ils sont conjugués. Que peux-tu en conclure ?**

Le 2 août 1914, l'armée allemande envahit le Luxembourg. Près de Belfort, une patrouille allemande pénètre sur le territoire français et se heurte à un petit poste d'infanterie : le caporal Peugeot est tué. C'est le premier mort français de cette guerre.

« Je dors tout habillé, les pieds enfoncés dans un sac, le manteau par dessus, puis recouvert d'une couverture de laine où je m'enfouis entièrement dessous. »

➜ Fiche 8

DIRE

1 **Lucie, élève de CM2, propose à sa classe un exposé sur le rôle des femmes pendant la Première Guerre mondiale.**
Écoute cet exposé en te demandant :
- **d'une part, ce qu'il t'apprend sur le rôle des femmes ;**
- **d'autre part, ce qu'il t'apprend sur la façon de présenter un exposé.**

L'exposé de Lucie : Le rôle des femmes pendant la Première Guerre mondiale

Mme Martin : Lucie, tu peux venir nous présenter ton exposé ? Je rappelle à la classe que Lucie a fait des recherches sur le rôle des femmes pendant la Première Guerre mondiale.
Si tu as besoin d'aimants pour fixer tes documents, tu les prends dans la boîte sur mon bureau.

Lucie : Oui, j'en ai besoin, merci.
Hum hum. Je vais vous parler du rôle des femmes en 14-18.
J'ai organisé mon exposé en trois parties. Je vous affiche mon plan au tableau. Dans la 1re partie, je dirai pourquoi les femmes ont dû travailler. Dans la 2e partie, je montrerai comment elles ont participé à l'armement. Dans la 3e partie, j'expliquerai qui étaient les mar-

raines de guerre. À la fin de mon exposé, vous pourrez me poser des questions.

Donc, 1re partie : en fait, vous vous rappelez de l'affiche sur la mobilisation générale, il fallait que tous les hommes aillent à la guerre. Mais alors, plus personne dans les champs, plus personne dans les usines. Le gouvernement a demandé officiellement aux femmes de terminer les travaux des champs et de faire les vendanges. Elles devaient aussi travailler dans les usines pour que le pays puisse continuer à vivre.

Je passe à ma 2e partie : l'armement. En fait, le gouvernement pensait que la guerre serait courte. Mais comme elle dure longtemps, il faut beaucoup d'armes, beaucoup de munitions. C'est donc les femmes, comme vous le voyez sur cette photo, qui vont travailler dans les usines d'armement pour fabriquer le matériel de guerre, même si c'est un travail très pénible.

J'en arrive à ma 3e partie : les marraines de guerre. Ce sont des femmes qui vont correspondre avec des soldats qui n'ont pas de famille. L'idée est que dans les tranchées, un petit courrier, un petit colis peut aider à remonter le moral. Écoutez le début de cette lettre d'un soldat :

« Ma chère Anna, J'ai reçu hier ton colis avec la marmelade et aujourd'hui celui avec les oranges et l'œuf, comme d'habitude j'ai été content au plus haut point, c'était l'unique chose qui m'a été apportée par la poste ce jour car honteusement je dois te dire que l'on espère quotidiennement recevoir quelque chose. »

Donc, les femmes ont aussi cette mission : remonter le moral des troupes. Regardez, là, c'est une carte postale envoyée par une marraine.

Alors on peut donc dire que les femmes ont eu un rôle très important pendant la guerre.

Voilà, j'ai terminé. Vous avez des questions ?

2 À ton tour, prépare un exposé sur un aspect de la Grande Guerre.

➔ Fiche 9

SYNTHÈSE

Avec l'ensemble des élèves de ta classe, récapitule ce que tu as appris dans cette unité.

➜ Fiche Synthèse

ÉCRIRE

Choisis un thème parmi ceux proposés par ton enseignant, puis, à partir des documents mis à ta disposition (pages 124 à 128) :
- sélectionne les informations essentielles,
- rédige un texte documentaire (la synthèse des informations retenues).

DIRE

À partir du texte que tu as précédemment écrit, présente les résultats de tes recherches, en articulant explications, citations et présentation de documents.

OBSERVATION RÉFLÉCHIE DE LA LANGUE

Révise l'orthographe de ton texte à l'aide des outils qui sont à ta disposition : fiche synthèse de l'unité, mémento, dictionnaire, répertoire, affichages de classe...

LA GUERRE MODERNE

A La guerre maritime

Bataille en mer du Nord, 1914.

B L'évolution de l'armement

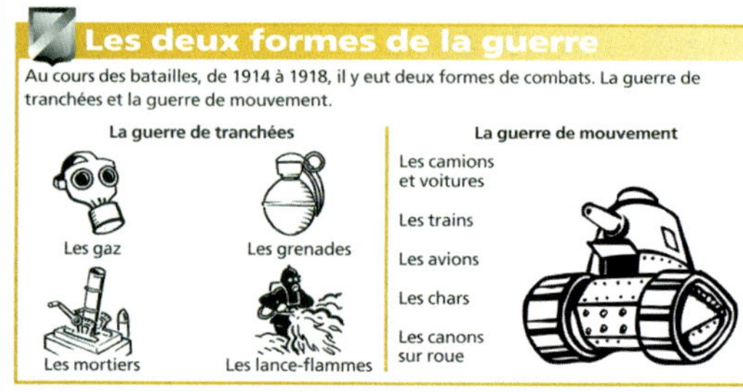

D'après *Multilivre CM2* © Hachette Livre, 1997

C La violence des combats

À ce moment, voici qu'un nouveau sifflement retentit haut en l'air : chacun sentit, la gorge serrée : celui-là, c'est pour nous. Puis un fracas énorme, assourdissant – l'obus s'était abattu juste au milieu de nous.

À demi assommé, je me relevai. Dans le grand entonnoir, des bandes de cartouches de mitrailleuses, allumées par l'explosion, lançaient une lumière d'un rose cru. Elle éclairait la fumée pesante où se tordait une masse de corps noircis, et les ombres des survivants qui s'enfuyaient dans toutes les directions. En même temps, de nombreux et atroces cris de souffrance et des appels à l'aide s'élevèrent.

Cette rotation de la masse sombre, au fond du chaudron fumant et rougeoyant, ouvrit durant une seconde, comme la vision d'un cauchemar infernal, le plus profond abîme de l'épouvante.

Ernst Jünger,
Orages d'acier, 1920
Traduit de l'allemand par Henri Plard
© Christian Bourgois

D L'artillerie : une arme destructrice

Je suis monté sur la crête du ravin où je suis. J'avais derrière moi Fleury, devant Vaux et Douaumont. J'embrassais une dizaine de kilomètres carrés transformés en désert de terre brune uniforme. Les hommes sont tout petits perdus là-dedans. On les distingue à peine. Un obus tombe dans ces petites choses, ça remue un moment, on emporte les blessés, on laisse les morts, ça n'a pas plus d'importance que des fourmis. On n'est pas plus gros que des fourmis là-dedans. C'est l'artillerie qui domine tout. Formidable, intelligente, frappant partout, désespérante par sa régularité.

Fernand Léger
Verdun, le 7 novembre 1916

E Lettre de Daniel Milhade

Le 26 mars 1917

Cher parents
Voilà deux jours que je ne vous ai pas donné de mes nouvelles. Je vais toujours très bien. Cette nuit les boches nous ont bombardés d'une drôle de façon en nous envoyant des 150 durant 1 h 1/2 de temps. J'étais dans ma guitoune je n'ai pas osé en sortir car tombant tout au tour de mon domaine de terre et de planche, j'aurai pu attraper quelques petits éclats. Un de mes camarades en a reçu un contre les parois de son abri et la cuisine roulante a été bien servie elle aussi. Aussitôt nos pièces ont répondu sans interrompre pendant 2h, j'avais la tête cassée. J'ai donc eu comme vous le voyez un baptême de feu un peu bizarre dans tous les cas les boches auraient pu nous laisser dormir tranquille. Les deux jours nous avons été très occupés ainsi que la nuit, car nous avons du changer les pièces plusieurs fois de place, étant repérés par les avions. Ici le temps est à la pluie et à la neige, je pense qu'à St-Vincent le temps est plus beau. Vous pouvez envoyer des colis maintenant envoyez moi du papier à lettre et un peu de chocolat. Je vous quitte chers parents en vous embrassant bien fort.

Daniel

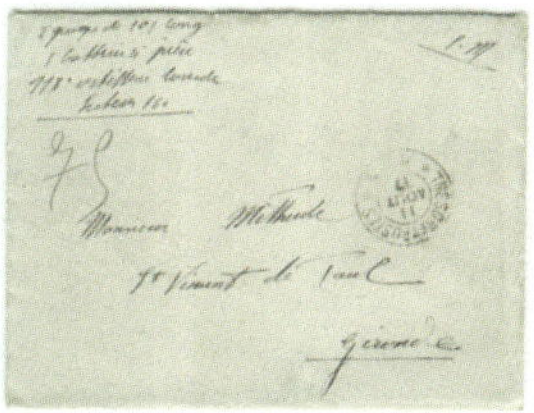

Deux lettres écrites par Daniel Milhade. On observe bien le classement par numéro de réception sur les enveloppes.

F Une arme nouvelle : le char Renault (1917)

En 1918, les Alliés disposent de 1 600 chars contre à peine quelques dizaines pour les Allemands.

G La guerre aérienne

Les avions de guerre sortent de plus en plus nombreux des chaînes de montage : 541 appareils construits durant l'année 1914, 24 652 durant l'année 1918.

D'après *Sciences et vie junior*, hors série d'octobre 2003.

H Usine d'armement

Entre 1914 et 1918, un milliard et demi d'obus ont été fabriqués ! Parmi les ouvriers, les femmes sont très nombreuses.

LA FIN DE LA GUERRE

A Bilan de la Première Guerre mondiale

Pays	Population totale en 1913	Morts et disparus
Allemagne	64 900 000	2 000 000
Russie	142 600 000	1 700 000
Autriche-Hongrie	50 600 000	1 543 000
France	39 600 000	1 400 000
Italie	36 100 000	750 000
Grande-Bretagne	45 100 000	744 000
États-Unis	92 000 000	116 000
Belgique	7 400 000	41 000

Colonies françaises	Morts et disparus
Algérie	26 000
Maroc et Tunisie	13 000
Madagascar et Indochine	5 500
Sénégal	30 000

Les Savoirs de l'école, Histoire cycle 3

B Une destruction totale

Le village a disparu. Jamais je n'ai vu une pareille disparition de village. [...] Ici, dans le cadre des arbres massacrés – qui nous entourent, au milieu du brouillard, d'un spectre de décor – plus rien n'a de forme : il n'y a même pas un pan de mur, de grille, de portail, qui soit dressé, et on est étonné de constater qu'à travers l'enchevêtrement de poutres, de pierres et de ferraille, sont des pavés : c'était, ici, une rue !
On dirait un terrain vague et sale, marécageux, à proximité d'une ville, et sur lequel celle-ci aurait déversé pendant des années régulièrement, sans laisser de place vide, ses décombres, ses gravats, ses matériaux de démolition et ses vieux ustensiles : une couche uniforme d'ordures et de débris parmi laquelle on plonge et l'on avance avec beaucoup de difficulté, de lenteur.

Henri Barbusse,
Le Feu : journal d'une escouade. Carnet de guerre

C Les veuves de guerre

À la fin de la guerre, on compte au moins un mort par famille.

D Souffrances et blessures

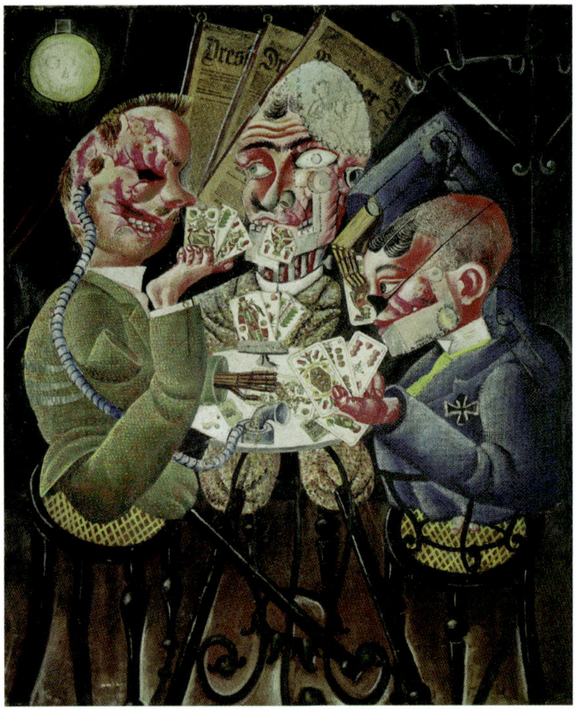

Pitié pour nos soldats qui sont morts ! Pitié pour nous vivants qui étions auprès d'eux, pour nous qui nous battrons demain, nous qui mourrons, qui souffrirons dans nos chair mutilées ! Pitié pour nous, forçats de guerre *qui n'avions pas voulu cela*, pour nous qui étions des hommes et qui désespérons de jamais le redevenir.

Maurice Genevoix,
dans *Ceux de 14. La boue*

« Les Joueurs de cartes », 1920
Otto Dix.
Nationalgalerie, Berlin.

E Un terrible bilan humain

« Le cimetière de Châlons-sur-Marne »
1917, Félix Vallotton.
musée d'Histoire contemporaine – BDIC, Paris.

LITTÉRATURE

RÉCIT POLICIER

DIRE

Observe ces documents qui mettent en scène des héros de la littérature. Demande-toi si tu en reconnais certains, à quelles histoires ils te font penser et quels sont leurs points communs.

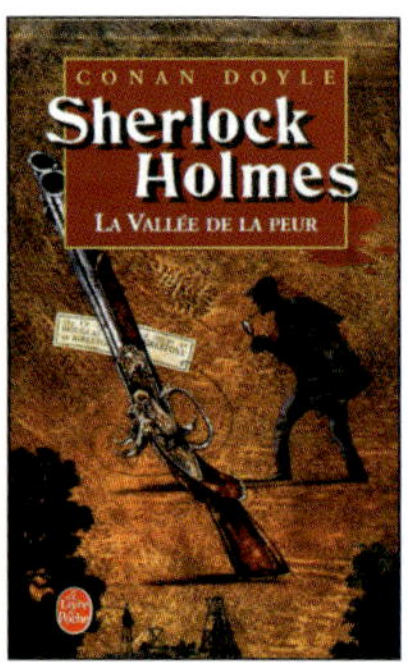

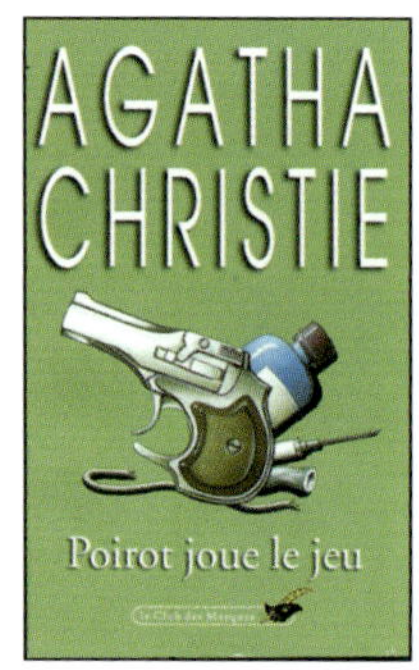

ÉCRIRE

1 **À l'issue des échanges effectués avec tes camarades, note dans ton cahier de production d'écrits les points communs entre les sept héros.**

2 **Explique pourquoi les histoires où ces héros apparaissent peuvent se trouver sur le même rayon d'une librairie ou d'une bibliothèque.**

DIRE / LIRE

Pour mieux comprendre le texte

- Agatha Christie (1890-1976) est un célèbre écrivain anglais. Elle est l'auteure de très nombreux ouvrages (romans policiers, pièces de théâtre, nouvelles…) qui comptent parmi les plus grands succès du XXe siècle et sont traduits dans de nombreuses langues. Tu en connais peut-être certains : *Mort sur le Nil*, *Le Crime de l'Orient-Express*, *Dix petits nègres*…

1 Lis le texte.

Un indice de trop
(The Double Clue)

– Surtout… surtout, pas de publicité ! répéta Marcus Hardman pour la vingtième fois peut-être.

Mr. Hardman était un petit homme potelé, aux mains extrêmement soignées et s'exprimant d'une voix plaintive de ténor enroué. Il passait pour une sorte de célébrité dans les cercles mondains auxquels il consacrait tout son temps. Il dépensait son confortable revenu en réceptions et en collectionnant les vieilles dentelles, les éventails et les bijoux anciens – rien de vulgaire ni de moderne.

Répondant à sa convocation urgente, Poirot et moi nous étions présentés chez le petit Mr. Hardman que nous avions trouvé dans un état d'agitation extrême. Il nous apprit qu'il n'avait pas su se résoudre à faire appel à la police, mais que vu les circonstances, ne pas agir aurait signifié qu'il acceptait la perte des joyaux de sa collection. Il avait finalement décidé de recourir à Poirot.

– Mes rubis, monsieur Poirot !… et le collier d'émeraudes qui a probablement appartenu à Catherine de Médicis. Oh ! mon beau collier d'émeraudes !

Poirot avait interrompu ses gémissements en demandant d'une voix douce :

– Et si vous me relatiez les circonstances dans lesquelles ils ont disparu, Mr. Hardman ?

– Et voilà ! voilà ! Hier après-midi, j'ai donné un thé… rien d'officiel, je n'avais réuni qu'une demi-douzaine d'amis. J'ai déjà eu l'occasion d'organiser une ou deux réunions de ce genre au cours de la saison et sans vouloir paraître vaniteux, je dois admettre qu'elles furent très réussies. Hier, j'avais engagé le pianiste Nacora et Katherine Bird, la contralto australienne. Ils nous donnèrent un merveilleux récital dans le grand studio. Au début de l'après-midi, j'ai montré à mes invités ma collection de joyaux moyenâgeux que je garde dans le coffre mural que vous voyez, là-bas. L'intérieur a été aménagé et tendu de velours afin de mettre les pierres en valeur. Ensuite, ils admirèrent les éventails qui se trouvent dans cette vitrine contre le mur opposé, puis nous nous rendîmes dans le studio pour écouter de la musique. Ce n'est qu'après le départ de mes invités que j'ai constaté le vol. J'ai dû omettre de m'assurer si le coffre était bien fermé et quelqu'un a profité de ma négligence pour dérober son contenu. Une collection unique, monsieur Poirot ! Que ne donnerais-je pour la récupérer ! Mais souvenez-vous, je ne veux aucune publicité ! Comprenez, monsieur Poirot, il s'agit de mes invités, mes amis intimes ! L'affaire pourrait tourner au scandale.

Agatha Christie, dans *Allô, Hercule Poirot*

2 **Quels sont les personnages qui interviennent dans cet extrait ?**

Par groupe de trois, répartissez-vous les rôles et préparez une lecture à voix haute de l'extrait.
Votre lecture devra donner des indications sur le caractère et les émotions des personnages.

3 **Quels sont les procédés d'écriture de l'auteur qui aident à interpréter à voix haute ce passage ?**

4 **Pourquoi ces trois personnages sont-ils réunis ?**

➜ Fiche 1

OBSERVATION RÉFLÉCHIE DE LA LANGUE

1 **Relis l'extrait suivant :**

« Et voilà ! voilà ! Hier après-midi, j'ai donné un thé… rien d'officiel, je n'avais réuni qu'une demi-douzaine d'amis. […] Au début de l'après-midi, j'ai montré à mes invités ma collection de joyaux moyenâgeux que je garde dans le coffre mural que vous voyez, là-bas. […] Ensuite, ils admirèrent les éventails qui se trouvent dans cette vitrine contre le mur opposé, puis nous nous rendîmes dans le studio pour écouter de la musique. Ce n'est qu'après le départ de mes invités que j'ai constaté le vol. J'ai dû omettre de m'assurer si le coffre était bien fermé et quelqu'un a profité de ma négligence pour dérober son contenu. »

Agatha Christie,
dans *Allô, Hercule Poirot*

2 **Relève les mots ou expressions qui permettent de repérer les différents moments de l'après-midi.**

3 **Quels temps verbaux Mr. Hardman utilise-t-il pour évoquer les différentes actions qui se sont déroulées? (*Tu peux t'aider du mémento.*)**

➜ Fiche 2

LIRE

1 **Écoute la suite du texte lue par des comédiens.**
Tu peux suivre en même temps sur le manuel.

– Avez-vous remarqué la dernière personne qui a quitté cette pièce lorsque vous vous êtes tous rendus dans le studio ?

– Mr. Johnston, le millionnaire sud-africain. Peut-être le connaissez-vous ? Il vient juste de louer la maison Abbotbury dans Park Lane. Je me souviens qu'il s'est attardé quelques minutes derrière nous. Mais, il est impossible que ce soit lui le voleur, voyons !

– Quelqu'un d'autre est-il revenu dans cette pièce sous un prétexte quelconque au cours de l'après-midi ?

– J'y ai réfléchi, monsieur Poirot. Trois sont revenus. La comtesse Vera Rossakoff, Mr. Bernard Parker et Lady Runcorn.

– Que savez-vous d'eux ?

– La comtesse Rossakoff est une Russe et une femme charmante qui a connu l'Ancien Régime. Elle vit en Angleterre depuis peu. Hier, après qu'elle m'eut dit au revoir, j'ai eu la surprise de la retrouver ici, apparemment en extase devant ma collection d'éventails. Plus j'y pense et plus je trouve l'incident bizarre. Quelle est votre opinion, monsieur Poirot ?

– Je trouve effectivement son attitude bizarre. Passons aux deux autres, voulez-vous ?

– Eh bien ! Parker est venu chercher une cassette de miniatures que je désirais montrer à lady Runcorn.

– Qui est cette dame, s'il vous plaît ?

– Lady Runcorn est douée d'une grande force de caractère et son dévouement envers diverses œuvres de charité est bien connu. Elle est simplement venue récupérer son sac qu'elle avait oublié sur un siège.

– Parfait, monsieur. Nous avons donc quatre suspects possibles : la comtesse russe, la grande dame anglaise, le millionnaire sud-africain et Mr. Bernard Parker. Au fait, qui est Mr. Parker ?

La question parut embarrasser Mr. Hardman qui répondit en hésitant :

– C'est un jeune homme... un jeune homme que je connais.

– Je m'en doute bien. Que fait-il au juste, ce jeune homme ?

– C'est un homme du monde... et, si je puis me permettre l'expression, assez « dans le vent ».

– Puis-je savoir comment il est parvenu à s'intégrer dans votre cercle d'amis ?

– Eh bien !... heu... une ou deux fois il a eu l'occasion de se charger pour moi de certaines commissions.

– Continuez, monsieur.

Hardman serra nerveusement ses mains. De toute évidence, la dernière chose qu'il voulait, était satisfaire la curiosité de son interlocuteur. Mais, comme Poirot gardait un silence inexorable, il fut bien obligé de capituler.

– Vous n'ignorez pas que j'ai la réputation d'être un collectionneur de joyaux anciens. Parfois, il se trouve qu'un objet de famille doive être vendu – mais sans passer entre les mains du public ou d'un revendeur. Ma position me donne le privilège d'arranger certaines ventes privées. Parker s'occupe pour moi des détails financiers et se met en rapport avec l'acheteur éventuel, évitant ainsi le moindre souci aux intéressés. Par exemple, la comtesse Rossakoff qui a apporté ses bijoux de Russie avec l'intention de les vendre s'en remettra à Parker pour lui trouver un acquéreur.

– Je vois. Vous lui accordez toute votre confiance, à ce jeune homme ?

– Je n'ai jamais eu, jusqu'ici, la moindre raison de me plaindre de lui.

– Mr. Hardman, de ces quatre personnes, laquelle suspectez-vous ?

– Oh ! Monsieur Poirot, quelle question ! Ce sont mes amis, comme je vous l'ai déjà dit. Je ne suspecte aucun d'entre eux... ou tous, à vous de choisir la formule qui vous convient le mieux.

– Permettez. Vous en suspectez certainement un. Or ce n'est ni la comtesse Rossakoff, ni Mr. Parker. C'est donc Lady Runcorn, ou Mr. Johnston, peut-être ?

– Vous m'acculez, monsieur Poirot. Je suis extrêmement soucieux d'éviter tout scandale. Lady Runcorn appartient à l'une des plus vieilles familles anglaises ; mais il est notoire, malheureusement, que sa tante, lady Caroline, était atteinte d'une infirmité des plus fâcheuses. Tous ses amis en avaient naturellement connaissance et sa domestique retournait toujours les objets emportés par mégarde. – Il soupira. – Vous réalisez à quel point je me trouve dans une situation délicate !

— Ainsi, lady Runcorn avait une tante kleptomane. Mmmm... Intéressant... Vous permettez que j'examine le coffre mural ?

Mr. Hardman hocha la tête et Poirot poussa la porte métallique pour inspecter le trou béant.

– Je me demande pourquoi cette porte a du mal à se refermer, murmura-t-il en actionnant le battant. Ah ! qu'est-ce que c'est ? Un gant, pris dans la charnière. Un gant d'homme.

Il le montra à Hardman qui répondit aussitôt :

– Il n'est pas à moi.

– Tiens, Je vois aussi autre chose.

II plongea la main dans l'ouverture du coffre et en sortit un petit étui à cigarettes.

– Mon étui à cigarettes !

– Je ne le pense pas, monsieur, car ce ne sont pas là vos initiales.

Il indiqua deux lettres entrelacées et gravées.

– Vous avez raison. L'étui ressemble au mien, mais les initiales sont différentes. « P » et « B » grand Dieu... Parker !

– Apparemment, oui. Ce jeune homme est bien imprudent. Si le gant lui appartient aussi, il nous fournit deux indices.

– Bernard Parker ! souffla Hardman. Ma foi, Je dois avouer que celle révélation me soulage. Monsieur Poirot, je vous laisse le soin de retrouver les bijoux. Si vous le jugez nécessaire, remettez l'affaire entre les mains de la police... à condition que vous soyez certain que Parker est bien le coupable.

Agatha Christie,
dans *Allô, Hercule Poirot* © Éditions du Masque, 1971

2 **Qui semble être le coupable à la fin de cet extrait ? Pourquoi ?**

3 **D'autres suspects sont-ils évoqués ? Par qui : le narrateur, Hardman ou Poirot ? Nomme-les tous.**

➜ Fiche 3

ÉCRIRE

Réalise le carnet d'enquête d'Hercule Poirot.

Pour cela, récapitule tout ce que tu sais sur le vol des bijoux de Mr. Hardman.
Organise ton carnet d'enquête en notant toutes les informations qui te semblent utiles.

➜ Fiche 4

LIRE

1 Lis la suite du récit.

– Vous avez remarqué, mon ami, me confia Poirot, alors que nous quittions le domicile du collectionneur, que ce Mr. Hardman reconnaît une loi pour le noble et une autre pour l'homme du commun. Moi-même, n'ayant pas encore été anobli, je sympathise avec l'homme du commun – en l'occurrence Mr. Parker. Toute cette affaire est bien curieuse ne trouvez-vous pas ? Hardman suspecte Lady Runcorn. Personnellement mes soupçons se porteraient sur la comtesse et sur Johnston, or, l'obscur Parker est notre coupable.

– Pourquoi suspectiez-vous les deux autres ?

– Parbleu ! Il est tellement facile de se donner les titres de comtesse russe et de millionnaire sud-africain. Qui irait contredire l'un ou l'autre ? À propos, nous nous trouvons juste dans Bury Street où loge notre trop négligent ami. Si nous battions le fer pendant qu'il est chaud ?

Un domestique nous apprit que Mr. Bernard Parker était chez lui. Nous le trouvâmes étendu sur des coussins, drapé dans une robe de chambre pourpre et orange. Tout de suite, j'éprouvai une vive antipathie à l'égard de ce jeune homme au visage pâle, efféminé, s'exprimant avec un zézaiement affecté.

Poirot passa à l'attaque sans attendre.

– Bonjour, monsieur. Je viens de chez Mr. Hardman. Hier, au cours de l'après-midi, quelqu'un a volé tous ses bijoux. Permettez-moi de vous demander, monsieur... est-ce là votre gant ?

Mr. Parker devait avoir l'esprit lent. Il regarda fixement l'objet comme s'il cherchait à rassembler ses idées.

– Où l'avez-vous trouvé ?

– Est-ce votre gant, monsieur ?

– Non, ce n'est pas le mien.

– Et cet étui à cigarettes ?

– Certainement pas. Le mien est en argent.

– Très bien, monsieur. Je vais de ce pas confier l'affaire aux soins de la police.

– À votre place, je n'en ferais rien. Ces gens-là sont affreusement curieux. J'irais trouver le vieux Hardman, hé, monsieur... attendez un peu !

Mais Poirot battait déjà en retraite.

Dans la rue, il me confia avec un rire étouffé :

– Nous lui avons donné de quoi méditer. Demain, nous observerons la tournure qu'auront pris les événements.

***

Au cours de l'après-midi, nous devions découvrir du nouveau sur l'affaire Hardman. Une silhouette froufroutante, surmontée d'un gigantesque chapeau, s'encadra sur le seuil de notre retraite, laissant pénétrer un tourbillon de vent (il faisait un froid comme seul un mois de juin anglais peut en connaître). Nous réalisâmes vite que la comtesse Rossakoff était une personnalité perturbatrice.

– Vous êtes Hercule Poirot ?... – Elle prononçait : *poirrrrot.* – Misérrable ! Qu'avez-vous fait ? Accuser ce pauvre garçon ! C'est oune infamie, oune scandale ! Bernard est oune ange, oune agneau... qui ne volerait jamais rien. Il a tant fait pour moi. Et il faudrait que je reste là à le regarder martyriser, massacrer, comme le prince Zatkhoune sous les poignards des bolcheviks !

– Madame, est-ce son étui à cigarettes ?

Poirot lui montra l'objet trouvé dans le coffre cambriolé.

Elle l'examina en silence, puis :

– Oui, c'est bien le sien. Je le reconnais. Et alors ? Vous l'avez ramassé chez Mr. Hardman ? Nous nous y trouvions tous. J'imagine qu'il l'aura laissé tomber. Ah ! vous autres policiers, vous êtes pires que la N.K.V.D.

– Et, est-ce son gant, madame ?

– Comment voulez-vous que je le sache ? Un gant est semblable à un autre gant. N'essayez pas de me barrer la route... je veux qu'il soit innocenté ! Sa réputation doit être lavée de tout soupçon. Vous allez vous occuper de lui, n'est-ce pas ? Je vendrai tous mes bijoux et vous donnerai beaucoup d'argent.

– Madame...

– C'est décidé ! J'ai dit ! Non, non, ne protestez pas ! Lé pauvré garçon ! Il est venu à moi les yeux remplis de larmes. « Je vous sauverai » j'ai promis. « J'irai trouver cet homme... cet ogre, ce monstre ! Laissez faire Vera. » À présent, c'est convenu, je m'en vais rassurée avé votre promesse de gentilhomme.

Elle disparut comme elle était venue, laissant un sillage de parfum exotique sur son passage.

– Quelle femme ! m'exclamai-je. Vous avez vu ces fourrures !

– Oui, elles sont naturelles. Une fausse comtesse porterait-elle de vraies fourrures ? Une petite devinette, Hastings. Je crois qu'elle est réellement russe. Ainsi, Mr. Bernard est allé pleurnicher auprès d'elle. L'étui à cigarettes lui appartient donc bien. Je me demande si le gant...

Avec un sourire, Poirot sortit de sa poche un deuxième gant qu'il plaça près du premier. Ils complétaient la même paire.

– Où avez-vous découvert le second, Poirot ?

– Il était abandonné sur un guéridon, près d'une canne, dans le hall de Bury Street. Ce Mr. Parker est vraiment un jeune homme très prudent. Ma foi, mon ami... Nous touchons au terme de cette histoire. Pour la forme, je vais rendre une petite visite à Park Lane.

Inutile de dire que j'accompagnai mon ami. Johnston n'était pas chez lui, mais son secrétaire privé nous apprit sans la moindre réticence que son patron venait d'arriver tout récemment d'Afrique du Sud et que c'était la première fois qu'il visitait l'Angleterre.

– Il s'intéresse aux pierres précieuses, je crois, hasarda Poirot.

Dans un éclat de rire, le secrétaire répliqua :

– Dites plutôt aux mines d'or !

Poirot sortit de l'entretien pensif. Tard dans la soirée, je le trouvai plongé dans la lecture d'une grammaire russe.

– Grand Dieu, Poirot ! Apprenez-vous le russe dans le but de converser avec la comtesse dans sa langue natale ?

– Je dois dire qu'elle ne prête pas grande attention à mon anglais.

– Mais les Russes de bonne famille parlent parfaitement le français, voyons !

– Hastings, vous êtes une source d'informations inépuisable. J'arrête donc de bûcher sur les complexités de l'alphabet russe.

Il rejeta le livre avec un geste théâtral. Je n'étais cependant pas entièrement rassuré, car je voyais une lueur que je connaissais bien briller sournoisement au fond de son regard. C'était là un signe incontestable. Hercule Poirot était content de lui.

– Peut-être, fis-je d'un ton qui se voulait averti, doutez-vous qu'elle soit vraiment russe. Vous allez la mettre à l'épreuve ?

– Non, non, je ne doute pas de sa nationalité.

– Mais, alors...

– Si vous voulez vraiment vous distinguer dans cette affaire, Hastings, je vous recommande *les Rudiments syntaxiques de la langue russe*, un recueil d'une valeur inestimable.

Il émit un petit rire étouffé et refusa de préciser sa pensée. Je ramassai le bouquin délaissé et le feuilletai sans y dénicher la réponse à l'énigme que me proposait Poirot.

Agatha Christie,
dans *Allô, Hercule Poirot* © Éditions du Masque, 1971

2 **Comment l'enquête évolue-t-elle ? Quels éléments nouveaux sont dévoilés ?**

3 **Complète ton carnet d'enquête en intégrant les nouvelles informations recueillies.**

4 **Quel rôle Agatha Christie donne-t-elle à Hastings dans cette histoire ?**

➜ Fiche 5

OBSERVATION RÉFLÉCHIE DE LA LANGUE

1 **Lis les deux phrases suivantes :**

Dans la rue, Poirot me confia avec un rire étouffé :
– Nous lui avons donné de quoi méditer.

Un domestique nous apprit que Mr. Bernard Parker était chez lui.

2 **Quels indices permettent de savoir que les informations soulignées sont énoncées par un personnage ?**

➜ Fiche 6

DIRE

Pourquoi Hercule Poirot consulte-t-il une grammaire russe dont il conseille la lecture à Hastings ?

C'est à l'aide d'un alphabet russe comme celui-ci que Poirot démasque le coupable :

Lettre	Son	Lettre	Son	Lettre	Son
А а	a	К к	k	Х х	kh
Б б	b	Љ љ	l dur	Ц ц	ts
В в	v	М м	m	Ч ч	tch
Ґ ґ	g(u)	Н н	n	Ш ш	ch
Д д	d	О о	o	Щ щ	chtch
Е е	yè	П п	p	(Ъ) ъ	(signe dur)
Ё ё	yo	Р р	r	(Ы) ы	i dur
Ж ж	g(e) ; j	С с	s	(Ь) ь	(signe mou)
З з	z	Т т	t	Э э	ê
И и	i	У у	ou	Ю ю	you
(Й) й	i bref	Ф ф	f	Я я	ya

1. Utilise ce document et appuie-toi sur les indices et les notes prises dans ton carnet d'enquête pour récapituler ce que tu sais de chaque suspect.

2. Puis, prépare un argumentaire visant à expliquer si chacun des quatre suspects est coupable ou innocent.

ÉCRIRE

1. Lis la suite du récit.

Le matin suivant ne nous apporta aucune nouvelle. Cela ne parut pas contrarier mon ami qui, après le petit déjeuner, dit son intention de rendre visite à Mr. Hardman au cours de la matinée. Nous nous présentâmes donc chez le vieux papillon des soirées mondaines qui nous parut plus calme que nous ne l'avions laissé la veille.

– Eh bien ! Monsieur Poirot, vous avez découvert une piste ?

Le petit détective lui tendit un billet.

– Voici le nom de la personne qui a pris vos bijoux, monsieur.

Agatha Christie,
dans *Allô, Hercule Poirot* © Éditions du Masque, 1971

2 **Comme Poirot, inscris sur ton carnet d'enquête le nom du personnage qui, selon toi, est coupable.**

Note également les arguments qui expliquent ton choix.

LIRE

1 **Écoute la fin du texte d'Agatha Christie.**

2 **Qui Poirot désigne-t-il comme coupable ? Comment celui-ci réagit-il ?**

3 **Sur quel indice Poirot a-t-il basé son raisonnement ?**

→ Fiche texte et fiche 7

OBSERVATION RÉFLÉCHIE DE LA LANGUE

Dans la phrase ci-dessous, quels mots où groupe de mots est repris par « aux siennes » ?

Pas à lady Runcorn, les initiales ne correspondaient pas aux siennes.

→ Fiche 8

OBSERVATION RÉFLÉCHIE DE LA LANGUE

Tout d'abord, j'ai cru que c'était le gant, mais lorsque j'ai découvert chez lui le frère de celui que nous avions trouvé, j'ai dû me rendre à l'évidence.

Quels sont les mots de cette phrase qui montrent que Poirot organise son raisonnement ?

→ Fiche 9

SYNTHÈSE

Récapitule avec l'ensemble des élèves de ta classe ce que tu as appris dans cette unité.

→ Fiche Synthèse

LIRE / ÉCRIRE

1 **Lis cette bande dessinée mettant en scène l'inspecteur Bayard : « Le voleur de panthère ».**

Dieter, Cabanau, Schwartz,
dans *Pas de vacances pour l'inspecteur !*

2 **Repère les personnages.**

3 **Quelle est l'énigme ?**

4 **Rédige ce que pourrait être le carnet d'enquête de l'inspecteur Bayard et note ses conclusions.**

DIRE

- **Présente tes conclusions à la classe en exposant bien l'organisation de ton raisonnement.**

OBSERVATION RÉFLÉCHIE DE LA LANGUE

- **Vérifie l'orthographe de ton texte en utilisant les outils qui sont à ta disposition : fiche synthèse de l'unité, mémento, dictionnaire, répertoire, affichages de classe…**

ILLUSTRATIONS

Fred Stegner

PAGES D'OUVERTURE

Nouchca

CRÉDITS TEXTUELS

pp. 29 et 31 : extrait de Jack Guichard et Brigitte Zana, *Les Savoirs de l'école Sciences et technologie cycle 3*, illustrations de Jean-Luc Maniouloux. Collection dirigée par Jean Hébrard. © Hachette Livre, 2002. **pp. 42, 43 et 44** : © 1998 Kurt Busiek et David Wenzel. All rights reserved THE WIZARD'S TALE. **p. 71** : extrait de Maryse Clary et Daniel Agostini, *Les Savoirs de l'école Géographie cycle 3*. Collection dirigée par Jean Hébrard. © Hachette Livre, 2002. **pp. 114, 118 et 127 :** extrait de Benoît Falaize, Nouchcka Cauwet et Carole Loubes, *Les Savoirs de l'école Histoire cycle 3*. Collection dirigée par Jean Hébrard. © Hachette Livre, 2002. **pp. 100, 101, 104 et 105 :** extrait de J.-P. Blanc, P. Bramand, P. Debû, J. Gély, D. Peynichou et A. Vargas, *Pour comprendre les mathématiques CM2,* illustrations de Florence Delclos. © Hachette Livre, 2001. **p. 124** : extrait d'André Bendjebbar, Jean Muracciole, Isabelle Grégoire *et al., Multilivre CM2*. Éditions ISTRA. © Hachette Livre, 1997. **p. 130-1** : illustration de T. Ehretsmann © Hachette Livre, 2002. **p. 130-2** : illustration de Y. Nascimbene © Gallimard Jeunesse. **p. 130-3** : illustrations de Nicollet et P. Munch © Gallimard Jeunesse. **p. 130-4** : illustration de B. Mallard © LGF. **p. 130-5** : illustration de Moynot © Casterman S. A. **p. 130-6** : illustration de M. Taraskoff © LGF. **p. 130-7** : illustration d'A.-C. Martin © LGF.

CRÉDITS PHOTOGRAPHIQUES

p. 16 : © Rapho / Robert Doisneau ; **p. 18** : © Rapho / Robert Doisneau ; **p. 21** : © Rapho / Robert Doisneau ; **p. 22** : © Rapho / Robert Doisneau ; **p. 23** : © Rapho / Robert Doisneau Collages de Jacques Prévert © Fatras Succession Jacques Prévert – Adagp, Paris 2006 ; **p. 25** : photo RMN © Hervé Lewandowski *La Californie* 1956 Jacques Prévert Musée Picasso © Fatras Succession Jacques Prévert – Adagp, Paris 2006 ; **p. 28** : © Cosmos / Peter Menzel ; **p. 31d** : © Ciric / Alain Pinoges ; **p. 31b** : © André Perlstein ; **p. 32h** : © Cosmos / Peter Menzel ; **p. 32b** : © Cosmos / Peter Menzel ; **p. 64-1** : © HPP / Top / Hervé Champollion ; **p. 64-2** : © Altitude / Yann Arthus Bertrand : **p. 64-3** : © Altitude / Daniel Philippe ; **p. 65-1** : © HPP / Imagestate / Georges K. Jones ; **p. 65** : © HPP / Age Fotostock / Walter Bibikow ; **p. 66** : © Altitude / Yann Arthus Bertrand ; **p. 69** : © Bridgeman / Giraudon The National Gallery, Londres ; **p. 70h** : © Bridgeman / Giraudon Musée d'Art Moderne Troyes © Adagp, Paris 2006 ; **p. 70b** : © Bridgeman / Giraudon Coll. of the Earl of Pembroke, Wilton House, Wilts ; **p. 71g** : © HPP / Gamma / Anticoli-Micozzi ; **p. 71d** : © HPP / Explorer / Lescourret ; **p. 73** : © Cosmos / SPL ; **p. 79** : © Photo Josse Bibliothèque Nationale, Paris ; **p. 80** : © Photo Josse Bibliothèque Nationale, Paris ; **p. 81** : © Photo Josse Bibliothèque Nationale, Paris ; **p. 82** : © Akg-Images ; **p. 83** : © BIS / Ph. H. Josse © Archives Larbor ; **p. 84** : © BIS / Ph. Coll. Archives Larbor – Adagp, Paris 2006 ; **p. 85** : © Bridgeman Art Library / Bibliothèque Nationale de France, Paris ; **p. 87** : © BIS / Ph. © Archives Larbor ; **p. 104** : © IGN Parc naturel régional de Camargue n° 82004 Paris 2006 – Autorisation n° 80-5068 ; **p. 107** : © Cedus / L. de Champris ; **p. 112hg** : © Thierry Petit ; **p. 113hg** : © BIS / Ph. Coll. Archives Larbor ; **p. 113hd** : © Leemage / Gusman ; **p. 113b** : © BIS / Ph. Coll. Moreau © Archives Larbor ; **p. 115** : © Musée d'histoire contemporaine–BDIC, Paris ; **p. 117** : © Musée d'histoire contemporaine–BDIC ; **p. 119** : © BIS / Ph. Coll. Moreau © Archives Larbor ; **p. 124hg** : © Roger-Viollet / ND ; **p. 125h** : © Coll. R. Meunier ; **p. 125b** : © Rue des Archives / René Dazy ; **p. 126h** : © Roger-Viollet / Boyer ; **p. 126b** : © BIS / Ph. © Imperial War Museum, Londres-Archives Bordas ; **p. 127** : © Roger Viollet / Branger ; **p. 128h** : © Akg-Images / Erich Lessing SMPK, Nationalgalerie, Berlin © Adagp, Paris 2006 ; **p. 128b** : © Musée d'histoire contemporaine-BDIC, Paris.

IMAGES ET CARTES

p. 35 : Jörg Mailliet ; **p. 28** (carte) : Domino ; **p. 65** (carte) : Domino.

DIRECTION ÉDITORIALE : Sylvie Cuchin
ÉDITION : Céline Lorcher
RECHERCHE ICONOGRAPHIQUE : Marie-Christine Petit
CORRECTION : Florence Richard
CONCEPTION DE MAQUETTE : Sarbacane Design
MISE EN PAGE : Domino

N° d'éditeur : 1389
N° de projet : 10129342
Dépôt légal : avril 2006
Imprimé en Espagne sur les presses de Grafica Estella.